C.H.BECK ■ WISSEN

in der Beck'schen Reihe

Das Erlernen einer Fremdsprache ist oft ein mühsamer Weg, und viele von uns, die sich hierbei mit schwierigen Grammatiken und wahren Vokabelbergen herumplagen, blicken sehnsüchtig auf die Zeit zurück, in der sie als Kleinkinder scheinbar mühelos ihre Muttersprache erlernten. Doch diese Erinnerung ist trügerisch. Zwar «spielt» das Kind phasenweise mit dem gerade Erworbenen, aber auch sein Weg zur Sprache ist voller Hindernisse und Umwege. Der Spracherwerb ist die komplexeste Aufgabe, die ein Kind im Laufe seiner Entwicklung zu bewältigen hat, und so verwundert es nicht, dass auch das Erlernen der Muttersprache über viele kleine Siege errungen werden muss.
In diesem Buch erklärt ein renommierter Sprachwissenschaftler die wichtigsten Stationen des Erwerbs der gesprochenen Muttersprache durch das Kleinkind. Darüber hinaus erläutert er die hierzu wichtigsten Aussagen der modernen Spracherwerbstheorien und vermittelt einen kurzen Einblick in die wichtigsten Störungen des kindlichen Spracherwerbs.

Jürgen Dittmann, Professor für Neuere deutsche Sprachwissenschaft, lehrt an der Universität Freiburg i. Br. Seine Forschungsschwerpunkte sind Neurolinguistik und Gegenwartsdeutsch.

Jürgen Dittmann

DER SPRACHERWERB DES KINDES

Verlauf und Störungen

Verlag C. H. Beck

Für Katharina und Stephanie

1. Auflage. 2002
2., durchgesehene Auflage. 2006

Dritte, völlig überarbeitete Auflage. 2010
Originalausgabe
© Verlag C. H. Beck oHG, München 2002
Satz: Fotosatz Amann, Aichstetten
Druck und Bindung: Druckerei C. H. Beck, Nördlingen
Umschlagentwurf: Uwe Göbel, München
Printed in Germany
ISBN 978 3 406 48000 3

www.beck.de

Inhalt

Vorwort 7

1. Das Problem des Spracherwerbs 9
1.1 Der Spracherwerb – kein Kinderspiel 9
1.2 Das Lernziel 9

2. Der Erwerb der Sprachlaute 15
2.1 Frühe Sprachwahrnehmung 15
2.2 Frühe Lautäußerungen und erste sprachliche Laute 19
2.3 Der frühe Input 28
2.4 ‹Analytisches› und ‹ganzheitliches› Vorgehen 34

3. Der Erwerb der Wörter 36
3.1 Der Bedeutungserwerb 36
3.2 Der Verlauf des Wortschatzerwerbs 45

4. Ein-, Zwei- und Mehrwortäußerungen 52

5. Theorien des Grammatikerwerbs 58
5.1 Die Aufgabe 58
5.2 Der späte Input 59
5.3 Nativistische Theorien 64
5.4 Funktionalistische Theorien 78

6. Der Verlauf des Grammatikerwerbs im Deutschen 86

7. Abweichende Spracherwerbsverläufe 91
7.1 Zwillinge 91
7.2 Zweisprachige Kinder 94
7.3 Hörgeschädigte Kinder 100

**8. Die ‹spezifische Sprachentwicklungsstörung›
(SES)** 113

Literaturverzeichnis 117
Abbildungsnachweis 124
Register 125

Vorwort

Ich beschreibe in diesem Büchlein den Ablauf des Erstspracherwerbs und diskutiere Theorien, die erklären wollen, wie der Erstspracherwerb möglich ist. Mit ‹Erstspracherwerb› ist der Erwerb der gesprochenen Muttersprache durch das Kleinkind gemeint. Nicht behandelt wird also der Zweitsprachenerwerb, z. B. der ‹gesteuerte› Erwerb einer Zweitsprache durch das ältere Kind im Schulunterricht oder der ‹ungesteuerte› Zweitspracherwerb erwachsener Arbeitsimmigranten. Lediglich die besondere Situation mehrsprachig aufwachsender Kinder wird in Kap. 7.2 angesprochen. Außen vor bleibt auch der Schriftspracherwerb: Im Unterschied zum quasi natürlichen, spontanen Erwerb der gesprochenen Muttersprache handelt es sich hier um das – in der Regel gesteuerte – Erlernen einer komplexen Kulturtechnik, mit anderen Voraussetzungen und anderem Verlauf. Deshalb werde ich auch die Lese-Rechtschreib-Schwäche (Legasthenie) nicht behandeln.

Im ersten Kapitel wird dargestellt, vor welcher Aufgabe das Kind steht, wenn es die Sprache erwirbt. Dabei sollte deutlich werden, dass der Spracherwerb alles andere als ein Kinderspiel ist. Das zweite Kapitel ist dem Erwerb der Sprachlaute gewidmet, wobei die Darstellung mit der vorgeburtlichen Sprachwahrnehmung beginnt. Im dritten Kapitel wird der Erwerb der Wörter behandelt, ein Prozess, der ebenfalls komplizierter ist, als man sich das gemeinhin vorstellt. Die Kapitel vier und fünf dienen der Darstellung des Erwerbs der Fähigkeit, komplexere Ausdrücke und schließlich grammatikalisch korrekte Sätze der Muttersprache zu äußern. Für diesen faszinierenden Prozess der Grammatikentwicklung gibt es unterschiedliche Erklärungsansätze, völlig verstanden ist er aber noch nicht. Es folgt im sechsten Kapitel ein kurzer Überblick über den Verlauf des Grammatikerwerbs bei Deutsch sprechenden Kindern. Das siebte Kapitel thematisiert sogenannte abweichende Spracherwerbsverläufe, nämlich den Spracherwerb bei Zwillingen, Zweisprachigen und bei Hörgeschädigten. Schließlich wird im achten Kapitel auf die ‹spezifische Sprachentwicklungsstörung› eingegangen, eine Beeinträchtigung, die, bei ansonsten normalen Fähigkeiten des Kindes, isoliert den Spracherwerb betrifft.

Die Beschreibung des Spracherwerbs und insbesondere die Darstellung der Spracherwerbstheorien kommt ohne ein gewisses Maß an linguistischer Terminologie nicht aus. Ich habe mich bemüht, die Termini umgangssprachlich zu definieren und möchte die Leserinnen und Leser ermutigen, sich ein Stück weit auf linguistische Theorien einzulassen. Der Erkenntnisgewinn wird die kleine Mühe wettmachen.

Mein Dank gilt Dr. med. Andreas Richstein (Titisee-Neustadt) und Dr. phil. Claudia Schmidt (Freiburg i. Br.) für kritische Kommentare zu einzelnen Kapiteln der ersten Auflage. Dagmar Frohning, Gefion Fix und Nora Quast danke ich für praktische Unterstützung bei der Arbeit an der 1. Auflage, Petra Landwehr und Christine Huber für ihre Hilfe bei der Erstellung von Literaturverzeichnis und Register der 3. Auflage. Nicht zuletzt gilt mein Dank Dr. Stephan Meyer, Dr. Stefan Bollmann und Angelika von der Lahr vom Beck Verlag für die unkomplizierte und konstruktive Kooperation.

1. Das Problem des Spracherwerbs

1.1 Der Spracherwerb – kein Kinderspiel

Im Nachhinein, das heißt aus der Perspektive des Erwachsenen, der seine liebe Not mit dem Erwerb von Fremdsprachen hat, erscheint der Erstspracherwerb vielleicht wie ein Kinderspiel. Doch die Erinnerung trügt. Zwar «spielt» das Kind phasenweise mit dem gerade Erworbenen, aber der Weg zur Sprache ist, bildlich gesprochen, voller Hindernisse und Umwege, und das Kind muss sich jeden Etappensieg erkämpfen. Allerdings ist der Spracherwerb auch die komplexeste aller Aufgaben, mit denen das Kind im Laufe seiner Entwicklung konfrontiert wird. Die Psychologinnen Kathy Hirsh-Pasek und Roberta Michnik Golinkoff kommen gar zu der lapidaren Feststellung, der Spracherwerb müsste eigentlich unmöglich sein. Wie komplex die Aufgabe ist, vor der das Kind steht, werde ich im folgenden Kap. 1.2 skizzieren. Fast alle Kinder erreichen gleichwohl das Ziel des Lernprozesses, die Beherrschung der Muttersprache. Auf die Ausnahme, Kinder mit ‹spezifischer Sprachentwicklungsstörung›, gehe ich in Kap. 8 ein.

Ausführliche Darstellungen des Spracherwerbs finden sich in: Butzkamm/Butzkamm (1999); Szagun (2008). Mehrsprachigkeit und Zweitspracherwerb berücksichtigt Tracy (2008).

1.2 Das Lernziel

Um uns die Komplexität der Spracherwerbsaufgabe zu vergegenwärtigen, müssen wir uns mit der Frage befassen, **was** denn eigentlich im Erstspracherwerb gelernt wird. Zunächst: Alle Einzelsprachen folgen denselben grundlegenden Strukturgesetzen. Wilhelm von Humboldt begründet das so: «Da die Naturanlage zur Sprache eine allgemeine des Menschen ist und Alle den Schlüssel zum Verständniss aller Sprachen in sich tragen müssen, so folgt von selbst, dass die Form aller Sprachen sich im Wesentlichen gleich seyn und immer den allgemeinen Zweck erreichen muss.» So bedienen sich alle menschlichen Sprachen, aber kein tierisches Kommunikationssystem, des Prinzips der «doppelten Artikulation», indem sie zwischen kleinsten bedeutungsunterscheidenden und kleinsten bedeutungstragenden Einheiten differenzieren; wir werden das gleich genauer betrachten. Noam Chomsky, der Begründer der modernen Linguistik, ging so weit zu formulieren, ein außerirdischer Wissenschaftler würde feststellen, dass alle Erdlinge, vom wechselseitig unverständlichen Wortschatz abgesehen, dieselbe Sprache sprechen. Folglich könne man sinnvoll fragen, wie das Kind **die** menschliche Sprache erwirbt. Argumente für diese Auffassung waren, dass alle Kinder jede menschliche Sprache erlernen können (was stimmt) und dass z. B. ein kleiner Deutscher, als Säugling nach Japan versetzt, genauso Japanisch lerne wie ein in Japan geborenes Kind (was empirisch nicht erwiesen ist und was ich nicht glaube: wir werden sehen, dass der Spracherwerb bereits im Mutterleib beginnt). Heute ist die Spracherwerbsforschung vorsichtiger geworden: Ohne zu leugnen, dass es «universale» Eigenschaften **der** menschlichen Sprache gibt, schaut man genauer auf die Merkmale der jeweils zu erwerbenden Sprache und die sich daraus ergebenden spezifischen Aufgaben für das Kind.

Weiterhin gilt: Sprache ist höchst komplex, auch wenn die Komplexität unterschiedlich ausgeprägt ist. Selbst Steinzeitkulturen haben nicht zwangsläufig «primitive» Sprachen, auch wenn man in jüngerer Zeit bei einem Amazonas-Stamm eine Sprache ohne Nebensatzbildung gefunden hat (Everett 2005). Die Einzelsprachen machen lediglich unterschiedlichen Gebrauch vom Repertoire möglicher Ausdrucksmittel. So hat bekanntlich das Lateinische viele Flexionsformen (Deklination des Nomens, Konjugation des Verbs usw.), das Englische weniger und das Chinesische fast keine. Dafür bedienen sich flexionsarme Sprachen dann anderer Mittel, die sie wiederum komplex machen. Deshalb stehen alle Kinder der Welt, unabhängig davon, ob sie in einem steinzeitlich lebenden Stamm oder einer Industriegesellschaft aufwachsen, vor einer ungemein schwierigen Aufgabe.

Wie kann man die menschliche Sprache beschreiben? Offensichtlich haben wir es mit einer Lautsprache zu tun, die Informationsvermittlung erfolgt durch Schallereignisse. Charles F. Hockett, der versucht hat, die «Bestimmungsmerkmale» der menschlichen Sprache zusammenzustellen, spricht vom «vokal-auditiven» Kommunikationskanal. Jede menschliche Sprache verfügt über ein Repertoire von kleinsten bedeutungs**unterscheidenden** Lauteinheiten, genannt **Phoneme**, wobei man wiederum zwischen ‹Konsonanten› (z. B. /p/, /m/) und ‹Vokalen› (z. B. /a/, /u/) trennt. Im Deutschen unterscheiden sich z. B. *Müll* und *Tüll* durch die Phoneme /m/ und /t/. Phoneme sind Lautklassen: Man kann z. B. das /r/ in *rot* auf unterschiedliche Weise aussprechen, etwa mit der Zungenspitze ‹rollen›, wie in Bayern, oder am Gaumen durch Reibung erzeugen, wie im Rheinland üblich (‹velares› /r/). Entscheidend ist nur, dass es funktional als /r/ und nicht etwa als /l/ gehört wird, dann nämlich würde *Lot* verstanden. Die konkret geäußerten Laute in einem Wort (‹Phone› genannt) werden aber auch je nach lautlicher Umgebung unterschiedlich ausgesprochen. Hier haben wir nicht die Wahl (wie zwischen Zungen-/r/ und velarem /r/), sondern hier regieren die Naturgesetze der Artikulation. Wie weit diese Veränderungen gehen können, sieht man leicht anhand eines Wortes wie *Glück:* Das /g/ wird mit gerundeten Lippen gesprochen, die eigentlich erst für das /ü/ benötigt werden, so dass ein anderer Laut resultiert als beim /g/ in *gut*. Dieses Phänomen wird ‹Koartikulation› genannt, und es ist einleuchtend, dass der Erwerb der Feinheiten der Artikulation für das Kind eine enorme Herausforderung darstellt.

Der vokal-auditive Kanal ermöglicht noch eine zweite Dimension der Kommunikation: Neben den Phonemen als ‹segmentalen› Einheiten und den Phonen als ihren Realisierungen gibt es noch lautlich-klangliche Eigenschaften, die für die menschliche Kommunikation genauso relevant sind, nämlich die sog. **Prosodie**. Gemeint sind Eigenschaften der gesprochenen Sprache wie die Intonation, das ist die Äußerungsmelodie, und der Wortakzent, das ist die Betonung auf Wortebene (*úmfahren* vs. *umfáhren*).

Aus den kleinsten bedeutungsunterscheidenden Einheiten bildet jede Sprache ihre kleinsten bedeutungs**tragenden** Einheiten, genannt **Morpheme**. *Maus* und *rot* sind solche Morpheme, man nennt sie auch ‹lexikalische Morpheme›, denn man findet sie im Wörterbuch; sie bilden den Wortschatz einer Sprache. Die Phonemkette *-en* in *Frauen* ist auch ein Morphem, d. h., wir haben es bei *Frauen* mit einem Wort, aber zwei Morphemen zu tun. Allerdings kommt dieses Morphem nicht selbstständig vor, und es hat die etwas abstraktere Bedeutung ‹Plural›. Es wird in der Grammatik beschrieben, weshalb man auch von einem ‹grammatischen Morphem›, hier genauer: von ‹Flexionsmorphem› spricht, denn es dient ja der grammatischen Veränderung (‹Flexion›) eines lexikalischen Morphems. Dieses Bildungsprinzip, aus kleinsten bedeutungsunterscheidenden Einheiten kleinste bedeutungstragende Einheiten zu kombinieren, hat André Martinet das «Prinzip der doppelten Artikulation» genannt. Es ist eine einzigartige Eigenschaft, kein Tierkommunikationssystem weist sie auf, und es ist die erste Quelle des unbegrenzten Ausdrucksreichtums der Sprachen. Durch Kombination von Morphemen können neue Wörter gebildet werden. So kann das Verb *essen* mittels des Wortbildungsmorphems *-bar* in das Adjektiv *essbar* verwandelt werden. Auch die Wortbildung wird durch Regeln bestimmt. Beispielsweise ist das Adjektiv *unbelehrbar* korrekt, das Adjektiv *unkaputtbar* falsch (aber werbewirksam) gebildet.

Eine entscheidende Eigenschaft der Morpheme betrifft die Beziehung zwischen Lautkette (‹Ausdrucksseite›) und Bedeutung: Diese Beziehung ist zum einen **willkürlich**, mit dem linguistischen Terminus: ‹arbiträr›; d. h., nichts an der Lautkette verweist auf die Bedeutung. Man kann sich das durch den Sprachvergleich klar machen: Die Bedeutung ‹Haus› kann durch dt. *Haus* genauso repräsentiert werden wie durch frz. *maison*. Zum anderen ist die Beziehung zwischen Ausdrucksseite und Bedeutung **konventionell**: Wenn ich verstanden werden will, kann ich nicht einfach beschließen, *Tisch* solle fortan ‹Stuhl› heißen und *Stuhl* ‹Tisch›. D. h., in einer gegebenen Sprachgemeinschaft und zu einer gegebenen Zeit ist die Beziehung zwischen Ausdrucksseite und Bedeutung bis zu einem gewissen Grad verbindlich. Wenn allerdings jemand anfängt, z. B. statt *toll* das Wort *geil* zu verwenden, und genügend andere ihm folgen, kann eine neue Konvention entstehen, es findet Sprachwandel statt. Arbitrarität und Konventionalität zusammen definieren den **Symbol**charakter der Morpheme der menschlichen Sprachen. Zeichen in Tierkommunikation können zwar auch arbiträr sein: Wenn der Hund mit dem Schwanz wedelt, signalisiert er Freundschaft, wenn die Katze mit dem Schwanz wedelt, signalisiert sie Feindschaft. Doch sind diese Zeichen nicht konventionell, sondern genetisch vermittelt, sie können deshalb auch nicht verändert werden, und sie werden instinktiv produziert (Nöth 2000).

Das ‹Herz› der menschlichen Sprache aber ist die **Syntax**. Sie ermöglicht, was Hockett die «Produktivität» der menschlichen Sprache genannt hat, die zweite Quelle ihrer unbegrenzten Ausdrucksfähigkeit. Wilhelm von Humboldt hatte bereits 1830 erkannt, dass die menschliche Sprache, da sie «einem unendlichen und wahrhaft gränzenlosen Gebiete, dem Inbegriff alles Denkbaren gegenüber [steht]», «von endlichen Mitteln einen unendlichen Gebrauch machen [muss]». Chomsky griff diese Erkenntnis 130 Jahre später in seiner Syntaxtheorie, der ‹generativen Grammatik›, auf. Etwas vereinfacht formuliert: Eine endliche Zahl von Einheiten einer Sprache kann durch ein System von endlich vielen Regeln, nämlich durch die Syntax der Sprache, zu potenziell unendlich vielen verschiedenen Strukturen kombiniert werden, den grammatikalisch korrekten Sätzen der Sprache. Diese exklusive, weil nur in der menschlichen Sprache und nicht in Tierkommunikationssystemen verwirklichte Eigenschaft, nennt man ‹Rekursivität›: Ein Satz kann in einen anderen eingebettet werden, z.B.: *Peter will nicht, dass Lisa mit der Eisenbahn spielt*; und dieser wieder in einen anderen: *Lisa glaubt, dass Peter nicht will, dass sie mit der Eisenbahn spielt*; usw. Zwar stoßen wir bei rekursiven Konstruktionen bald an die Grenzen der Verständlichkeit, doch dass die menschliche Sprache dergleichen ermöglicht, ist eine wichtige Quelle ihres Ausdruckspotenzials.

Die in diesem Zusammenhang entscheidende Einsicht ist, dass syntaktische Regeln über **Kategorien** von Morphemen und nicht etwa über Morpheme oder Wörter definiert sind. Die syntaktische Struktur des deutschen Satzes *Lisa spielt mit der Eisenbahn* wird nicht durch die Abfolge der Wörter definiert, sondern durch die kategoriale Struktur ‹Nominalphrase (NP) – Verb (V)

– Präpositionalphrase (PP)› (*Lisa – spielt – mit der Eisenbahn*). Dabei besteht die erste NP nur aus einem Nomen (hier: einem Eigennamen), die PP aus einer Präposition und einer NP, und diese setzt sich aus einem bestimmten Artikel und einem Nomen zusammen. D. h., strukturell ist dieser Satz mit dem Satz *Peter spielt mit der Puppe* identisch, wir können also mittels der entsprechenden Strukturregel so viele Sätze bilden, wie unser Wortschatz hergibt. Dass wir beim Produzieren und Verstehen von Sätzen nicht Wortfolgen, sondern syntaktische Strukturen «berechnen» müssen, lässt sich schon an einfachen Sätzen zeigen. Wir verstehen z. B. den Satz *Peter trat Lisa und lief weg* so, dass Peter Lisa trat und Peter dann weglief, nicht so, dass Lisa weglief – eine Lesart, die ja ebenfalls sinnvoll wäre, zumal *Lisa* näher an *lief weg* steht als *Peter*. Dieses Verständnis wird erzwungen, weil *Peter* das Subjekt des Satzes ist und eine syntaktische Regel des Deutschen besagt, dass beide Verben auf das Subjekt bezogen werden. Die syntaktischen Regeln unterscheiden sich in ihrer spezifischen Form von Sprache zu Sprache, aber die Kategorien, über die sie definiert werden (z. B. NP), und die Prinzipien, nach denen sie aufgebaut sind, sind **universal**.

Ein Kind, so können wir folgern, muss nicht so etwas wie ‹Wortfolgen›, sondern **syntaktische Regeln** lernen, wenn es eine Sprache beherrschen will. Hier steht die Spracherwerbsforschung vor ihrem derzeit größten Problem: Was das Kind erwirbt – und worüber dann der Erwachsene verfügt –, d. h., wie dieses Wissen im Geist (oder gar im Gehirn) repräsentiert ist, ist unklar und Gegenstand kontroverser Theoriedebatten. Sicher ist dieses Wissen nicht mit der Kenntnis normativer Regeln, z. B. Tischsitten, vergleichbar, die uns explizit vermittelt werden. Linguistisch nicht gebildete Eltern wissen zwar, dass im Deutschen der Satz «Wer denkst du, dass kommen wird?» ungrammatisch ist, sie können aber die verletzte Regel nicht angeben und deshalb auch nicht lehren. Andererseits würden wohl nicht sehr viele WissenschaftlerInnen so weit gehen wie Steven Pinker, der Sprache – in provozierender Absicht – als ‹Instinkt› bezeichnet, was impliziert, dass Kinder die Sprachfähigkeit erwerben wie Spinnen die Webkunst. Ich werde dieses Thema in Kapitel 5 aufgreifen.

Alle Sprachen haben, wenn auch unterschiedlich reichhaltige, Repertoires grammatischer Morpheme, entgegen einem landläufigen Vorurteil auch das Chinesische, folglich müssen auch alle Kinder diese erwerben. Syntax, grammatische Morphologie und Wortbildung machen dann das aus, was man die ‹Grammatik› der Einzelsprache nennt. Die wissenschaftliche Grammatik einer Einzelsprache hat also, kurz gesagt, die Aufgabe, zu beschreiben, was ein grammatikalisch korrekter Satz der betreffenden Sprache ist. Aber nicht zu vergessen: Zur Sprachbeherrschung gehören auch noch kommunikative Fertigkeiten, also z. B. Techniken der Gesprächsführung, die Beherrschung unterschiedlicher Textsorten, z. B. der ‹Alltagserzählung›, die Beherrschung unterschiedlicher Stilebenen, z. B. des Stils der informellen Umgangssprache im Unterschied zum formellen Stil einer öffentlichen Diskussion, usw. In literaten Gesellschaften erwirbt das Kind – als eine Kulturtechnik – dazu noch die Schriftsprache (Andresen 2005).

2. Der Erwerb der Sprachlaute

2.1 Frühe Sprachwahrnehmung

Schon im Mutterleib ist das werdende Kind den Sprachschallereignissen seiner Umgebung ausgesetzt. Zwar führt dieser ‹pränatale Spracherwerb› nicht so weit wie in Kurt Tucholskys Satire «Colloquium in utero» aus dem Jahre 1932: Dort diskutiert ein Zwillingspaar im Mutterleib, ob es angesichts der herrschenden Akademikerarbeitslosigkeit ratsam sei, sich gebären zu lassen. Doch kann der pränatale Spracherwerb helfen, einige erstaunliche Beobachtungen zu erklären, die die Sprachschallwahrnehmung des Säuglings betreffen.

Erstens: Säuglinge bevorzugen die mütterliche Stimme vor anderen. Man wies das mittels der Saugratenmessung nach. Durch unterschiedlich intensives Nuckeln an einem entsprechend präparierten Sauger hatten die Säuglinge die Möglichkeit, entweder die Stimme ihrer Mutter oder die einer anderen Frau von einem Band abzurufen. Sie lernten, die mütterliche Stimme zu aktivieren, und sie aktivierten die mütterliche Stimme signifikant häufiger als die andere Stimme. Dabei erwies es sich als wichtig, dass diese Stimme mit normaler Intonation präsentiert wurde: Auf monotone Äußerungen der mütterlichen Stimme reagierten die Säuglinge nämlich nicht anders als auf eine fremde Stimme. Dies ist ein Indiz dafür, dass die Säuglinge die prosodischen Eigenschaften der mütterlichen Stimme wiedererkennen.

Zweitens: Neugeborene erkennen eine Geschichte wieder, die ihnen während der Schwangerschaft vorgelesen wurde. Werdende Mütter lasen während der letzten sechs Wochen der Schwangerschaft laut Geschichten. Zwei bis drei Tage nach der Geburt wurde den Säuglingen dieselbe Geschichte sowie eine andere Geschichte vorgelesen. Unabhängig davon, ob die Geschichten nun mit der mütterlichen oder einer anderen Stimme präsentiert wurden, bevorzugten die Neugeborenen die in der Schwangerschaft vorgelesene Geschichte. Da niemand annehmen wird, dass die Säuglinge die Geschichte verstanden hatten, schreibt man das Wiedererkennen auch in diesem Fall den prosodischen Eigenschaften zu. Damit ist erstens gesichert, dass pränatale Sprachschallreize einen Einfluss auf das Wahrnehmungsverhalten in den ersten Lebenstagen haben. Zweitens ist nachgewiesen, dass der Fötus bzw. das Neugeborene über ein Gedächtnis für Sprachschalleindrücke verfügt, das diese zumindest für einige Tage speichert.

Drittens: Die Bevorzugung der mütterlichen Stimme durch das Neugeborene entsteht nicht in den ersten Tagen nach der Geburt, sondern wird pränatal angelegt. Zwei Tage alte Säuglinge hörten die mütterliche Stimme in einer normalen Version und in einer Version, die den Eigenschaften des Sprachschalls, wie der Fötus ihn im Uterus hört, angepasst war: nämlich durch Unterdrückung der Frequenzen über 500 Hz und ein dazugespieltes Herzschlaggeräusch. Die Säuglinge bevorzugten diese zweite Version, woraus geschlossen werden kann, dass dies die ihnen vertrautere war, die Präferenz der mütterlichen Stimme also pränatal entwickelt wird. Gestützt wurde diese Auffassung durch den Befund, dass Neugeborene die Stimme des Vaters auch dann nicht der eines fremden Mannes vorziehen, wenn der Vater in den ersten Tagen nach der Geburt viel Kontakt mit dem Säugling hat.

Viertens: Säuglinge können ihre Muttersprache von einer Fremdsprache unterscheiden. Vier Tage alte Säuglinge aus rein französischsprachigen Familien wurden mit Äußerungen einer bilingualen Sprecherin in französischer und russischer Sprache konfrontiert. Gemessen wurde wieder die Saugrate, und es zeigte sich, dass die Säuglinge die französischen Sprachproben bevorzugten. Am angenehmen Klang des Französischen kann es nicht gelegen haben: Vier Tage alte Kinder aus Familien, die zwar in Frankreich lebten, in denen aber kein Französisch (und kein Russisch) gesprochen wurde, wurden mit den russischen und französischen Aufnahmen des ersten Experiments konfrontiert. Es ergab sich, dass die Säuglinge Französisch nicht vom Russischen unterscheiden konnten. Folglich kann die Präferenz der französischen Säuglinge für das Französische im ersten Experiment nicht mit Eigenschaften dieser Sprache erklärt werden.

Fünftens: Säuglinge können nicht generell zwischen zwei ihnen unbekannten Fremdsprachen unterscheiden. In dem oben beschriebenen Experiment konnten die Säuglinge im Alter von vier Tagen, die weder mit Russisch noch mit Französisch vertraut waren, zwischen diesen Sprachen auch nicht unterscheiden. Neugeborene können aber dann zwischen zwei Fremdsprachen unterscheiden, wenn diese starke Unterschiede in ihren prosodischen Eigenschaften aufweisen. 40 vier Tage alte französische Säuglinge wurden mit Sprachproben konfrontiert, aus denen die segmentalen Informationen herausgefiltert waren. Die Säuglinge konnten zwar nicht zwischen Englisch und Niederländisch, wohl aber zwischen Englisch und Japanisch unterscheiden.

Womit genau ist aber das Neugeborene vertraut? Zwar sind die anatomischen Voraussetzungen für die Sprachschallwahrnehmung ab der 27. Schwangerschaftswoche gegeben, doch überwiegen durch die Dämpfung des Schalls im Uterus niedrige Frequenzen. Die Folge ist, dass die Feinstruktur des Sprachschalls, also Informationen über einzelne Phone, nicht an den Fötus übermittelt wird. Diese wird nämlich in den höheren Frequenzen ab 1000 Hz realisiert. Der Fötus hat also nur Tonhöhenveränderungen und die Lautstärke des Schallereignisses zur Verfügung – etwa so, wie man sprachliche Äußerungen durch eine Wand hört. Mithin kann er nur die prosodischen Merkmale zur Wiedererkennung nutzen.

Sechstens: Säuglinge profitieren davon, wenn man sie mit einer höheren (als der ‹natürlichen›) Stimme anspricht. Zwar sind Säuglinge mit gedämpftem Sprachschall vertraut, aber sie nehmen Sprachschall, der durch eine Erhöhung der Grundfrequenz intensiviert wird, besser wahr, denn sie haben eine höhere Hörschwelle als Erwachsene. Und genau das ist ein Merkmal der ‹Ammensprache›, des sprachlichen Registers, das Erwachsene Säuglingen gegenüber wählen (vgl. unten, Kap. 2.3). In mehreren Experimenten konnte gezeigt werden, dass Säuglinge, konfrontiert mit ihnen nicht vertrauten Sprechern, die Ammensprache der normalen Erwachsenensprache vorziehen.

Siebtens: Obgleich Informationen über Einzellaute, wie wir gesehen haben, im pränatalen Sprachschall schlecht repräsentiert sind, können Säuglinge schon im ersten Lebensmonat akustische Kontraste, die für die Unterscheidung von Phonemen relevant sind, unterscheiden. Ab dem ersten Lebensmonat zeigen Säuglinge die Fähigkeit zur sog. kategorialen Sprachwahrnehmung: Die konkrete Realisierung der Phoneme beim Sprechen unterliegt starken Schwankungen, z. B. in Abhängigkeit von der Sprechgeschwindigkeit. Aber innerhalb gewisser Grenzen nehmen Erwachsene trotz der Realisierungsschwankungen die Sprachlaute ‹kategorial› wahr. D. h., innerhalb gewisser Grenzen hören wir z. B. entweder ein /p/ oder ein /b/, nicht ein Zwischending aus beiden. Dies ist eine für die Qualität der Sprachwahrnehmung äußerst bedeutsame Fähigkeit, und ihre frühe Ausbildung ist eine Voraussetzung für den Einstieg in den Spracherwerb. Dabei werden gewisse wichtige Eigenschaften des Sprachschalls zunächst von allen Kindern, unabhängig von der Muttersprache, wahrgenommen. Beispielsweise konnten sechs bis acht Monate alte Säuglinge, die in einer englischsprachigen Umgebung aufwuchsen, phonemische Unterschiede des Hindi wahrnehmen, die das Englische nicht macht. Als man hingegen Kinder im Alter von 0;10 bis 1;0 [diese Altersangaben bedeuten: Jahr; Monat] testete, zeigten sie diese Fähigkeit, ebenso wie Erwachsene, nicht mehr. Es findet also in dieser Zeit eine Entwicklung von einer breit angelegten zu einer sprachspezifischen Lautwahrnehmung statt.

Welche Schlüsse kann man aus diesen Beobachtungen ziehen? Zum einen scheint die Fähigkeit der kategorialen Wahrnehmung angeboren zu sein, denn ihre Ausprägung ist bei allen Kindern der Welt unabhängig von der Sprache der Umgebung, d. h. ‹universal›. Allerdings konnte man zeigen, dass auch Makaken-Affen und Chinchillas diese Fähigkeit haben. Sie ist also nicht spezifisch menschlich, mithin auch nicht im Sinne einer Prädisposition allein für die menschliche Sprache zu verstehen. Zum anderen passt sich die Wahrnehmungsfähigkeit im Laufe des ersten Lebensjahres der Struktur der Sprache an, die in der Umgebung des Säuglings gesprochen wird, wobei die Fähigkeit zu «überflüssigen» kategorialen Unterscheidungen abgebaut wird. Der frühe Spracherwerb ist also nicht als Sensibilisierung des Säuglings für sprachspezifische Unterscheidungen der Muttersprache zu verstehen, sondern als Desensibilisierung von Unterscheidungsmöglichkeiten, die der Säugling zunächst hat, die aber für die Muttersprache nicht relevant sind (Sendlmeier/Sendlmeier 1991). Als Erwachsene tun wir uns deshalb mit der Unterscheidung von Phonemen in Fremdsprachen schwer, die in unserer Muttersprache nicht vorkommen.

2.2 Frühe Lautäußerungen und erste sprachliche Laute

2.2.1 Voraussetzungen der Lautproduktion.

Während die anatomischen Voraussetzungen für die Sprachschallwahrnehmung schon vor der Geburt gegeben sind, ist dies für die Sprachschallproduktion nicht der Fall. Beim Neugeborenen sitzt der Kehlkopf hoch im Rachen, so dass bei der Nahrungsaufnahme Flüssigkeit und Speisebrei seitlich an ihm vorbei in die Speiseröhre gelangen können: Der Säugling kann, im Gegensatz zum älteren Kind und Erwachsenen, gleichzeitig Atmen und Schlucken. Die Möglichkeiten der Schallerzeugung sind dadurch aber stark eingeschränkt. Die Umgestaltung des Artikulationstraktes, die schließlich die Erzeugung des differenzierten Sprachschalls ermöglicht, vollzieht sich ab 0;2 und ist mit etwa 0;6 weitgehend, bis zum Ende des ersten Lebensjahres vollständig abgeschlossen. Durch den nun tief sitzenden Kehlkopf und die rechtwinklige Biegung des Mund-Rachen-Raumes entsteht ein ‹Ansatzrohr› mit zwei Hohlräumen (Schlund und Mundhohlraum), und durch das klappbare Gaumensegel kann noch der Nasenhohlraum einbezogen werden; zugleich gewinnt die Zunge an Beweglichkeit. All dies sind Voraussetzungen für die Fähigkeit des Menschen zur Artikulation, insbesondere zur Äußerung unterschiedlicher Vokale. Der Preis allerdings ist hoch, denn nun kann der Mensch leicht ersticken. Die Evolution muss der Sprachfähigkeit also einen beträchtlichen Stellenwert eingeräumt haben, da sie den Frühmenschen diesem Risiko aussetzte (Pinker 1998). Unter den beschriebenen anatomischen Bedingungen ist klar, dass die Lautäußerungen des Säuglings im ersten Lebensjahr nicht als ‹Phoneme› im Sinne der reifen Sprache beschrieben werden können. Man spricht deshalb auch nicht von ‹Vokalen› und ‹Konsonanten›, sondern von ‹Vokanten› und ‹Klosanten›.

2.2.2 Der Verlauf der vorsprachlichen Lautentwicklung.

Vom Individuum her gesehen steht am Anfang nicht das Wort, sondern der Schrei. Auf die Typen von Schreien, man unterscheidet mindestens sieben verschiedene (Löhle 1991), kann ich nicht näher eingehen. Wenngleich die Disposition zum Schreien angeboren ist, so ist doch die spezifische Ausprägung teilweise von der akustischen Rückkopplung abhängig: Man weiß das aus Beobachtungen an gehörlosen Säuglingen, deren Schreiverhalten sich von dem hörender Kinder unterscheidet (vgl. unten, Kap. 7.3). Das Schreiverhalten kann darüber hinaus Hinweise auf Entwicklungsstörungen des Säuglings geben, so eine von der normalen Grundfrequenz (ca. 400 Hz) abweichende Schreihöhe, mangelnde oder übermäßige Variation der Schreifrequenz (z. B. monotones Schreien) oder anhaltend einfache (steigend-fallende) Melodiebögen statt der normalerweise sich in den ersten

Wochen und Monaten entwickelnden komplizierten Muster. Neben dem Schreien äußert das Neugeborene sog. Lautsignale, z. B. den ‹Kontaktlaut› (ein einzelner Laut, meist nach dem Aufwachen, «Ist jemand hier?») und den ‹Unmutslaut› (eine rhythmische Folge kurzer Einzellaute, ca. 14-mal pro Sek.).

Mit etwa sechs bis acht Wochen setzt die Phase der ‹Gurrlaute› ein, das sind wiederholte vokalartige sowie am Gaumen gebildete Laute: Es dominieren ein [h]-artiger Klosant und der Glottisverschluss [ʔ] – der in der deutschen Erwachsenensprache vor anlautenden Vokalen auftretende ‹Knacklaut› –, gefolgt von [g]- und [k]-artigen Klosanten.

Ab etwa 0;4 kann der Säugling das Gaumensegel kontrolliert klappen, die Voraussetzung für die Bildung des Kontrastes zwischen oralen und nasalen Lauten (z. B. [g]-ähnlicher Klosant vs. [m]-ähnlicher Klosant). Außerdem kann er nun zunehmend unterschiedliche artikulatorische Bewegungen des Mund-Rachen-Raumes steuern. Zwischen 0;4 und 0;8 steigt die Rate von [m]-, [b]- und [k]-ähnlichen Klosanten an. Außerdem beherrscht der Säugling nun zumindest grob die Koordination von Phonation (der Erzeugung des für die Lautäußerung notwendigen Luftstromes) und Einstellung des Artikulationstraktes oberhalb des Kehlkopfes, die Voraussetzung kontinuierlichen Artikulierens. Das Kind beginnt in dieser Phase mit der Stimme zu «spielen», es probiert Artikulationen aus, und zwar nicht nur im «Dialog» mit den Bezugspersonen, sondern auch allein, vor allem in der Zeit vor dem Einschlafen und nach dem Aufwachen. Und es ahmt vorgesprochene Vokale wie /a/ oder /i/ nach; da es nicht-sprachliche Laute nicht nachahmt, belegt dies, dass sprachliche Laute für den Säugling eine besondere Qualität haben.

Ab 0;4 treten die ersten ‹silbischen› Äußerungen auf, d. h., die Kinder beginnen systematisch Klosant-Vokant-Kombinationen zu produzieren. Man spricht vom ‹Babbel›- oder ‹Lallstadium›. Etwa ab 0;7 werden diese ‹Silben› auch wiederholt; das nennt man dann ‹repetitives› oder ‹kanonisches Babbeln›. Es ergeben sich Lautfolgen wie *babababab* oder *gagagagaga*. Interessanterweise beobachtet man solche wiederholten, rhythmischen Bewegungen auch in der übrigen Motorik, z. B. des

Rumpfes und der Gliedmaßen, was auf eine nicht-sprachspezifische Tendenz zu diesem Verhalten hindeutet. Für die weitere Entwicklung zur Sprache ist die Herausbildung von Klosant-Vokant-Mustern entscheidend, denn sie sind die Vorstufe der späteren Konsonant-Vokal-Silbenstruktur, der sog. kanonischen Silbe. Damit wird der Grundstein für die differenzierte Artikulation der Sprachlaute und der Übergänge zwischen ihnen gelegt – eine für die Äußerung von Wörtern entscheidende Fähigkeit. Außerdem erprobt das Kleinkind an diesen Lautketten prosodische Muster, d.h. die Variation der Stimmhöhe (Grundfrequenz), Lautstärke, Silbenrate und anderer zeitlicher Parameter. Damit wird der Grundstein für die Beherrschung der prosodischen Strukturen der Sprache gelegt. Wie wichtig diese Phase ist, erhellt daraus, dass Säuglinge, die weniger differenziert ‹babbeln› als andere, als Vorschulkinder sprachlich schlechtere Leistungen zeigen als ihre Altersgenossen. Während der gesamten Babbelphase artikulieren die Kinder auch weiterhin ‹wilde Laute›: So nennt Roman Jakobson Produktionen, die nicht zu sprachlichen Lauten hinführen, wie z.B. Schnalz- und Kusslaute.

In Bezug auf die Häufigkeit unterschiedlicher Klosanten setzt sich in der Phase kanonischen Babbelns die zwischen 0;4 und 0;8 beobachtete Entwicklung bei Kindern unterschiedlicher Muttersprachen fort: Zwischen 0;8 und 1;0 erhöht sich der Anteil von Klosanten wie [d], [m], [b] und [t] deutlich, [h] und [ʔ] gehen stark zurück: In der gesamten Babbelphase gibt es einen Trend von ‹hinten› nach ‹vorn›, von der Dominanz im Kehlkopf gebildeter zur Dominanz oberhalb des Kehlkopfes, im Rachen-Mund-Raum gebildeter Klosanten.

Diese für alle Kinder der Welt geltende Verschiebung von ‹hinten› nach ‹vorne› während der Babbelphase kann man physiologisch erklären: Zur Bildung der ‹hinteren› Klosanten bedarf es nur der passiven, durch die Grobmotorik des Unterkiefers verursachten Bewegung des Zungenrückens relativ zum Gaumen. Zur Bildung der ‹vorderen› Klosanten hingegen bedarf es der feinmotorischen Steuerung der Zungenspitze, die sich erst im Laufe des ersten Lebensjahres vervollkommnet. Deshalb ist diese Entwicklung aus physiologischen Gründen universal. So verwundert es denn auch nicht, dass man die Laute des Babbelrepertoires Englisch sprechender Kinder bei Kindern so unterschiedlicher sprachlicher Umgebungen wie Afrikaans, Arabisch, Deutsch und Spanisch und anderer wiedergefunden hat. Im Gegensatz zur Entwicklung der Fähigkeit zur Lautwahrnehmung (vgl. oben, Kap. 2.1) erfolgt bei der Artikulationsentwicklung «eine Sensibilisierung hin zur feineren Differenzierung lautlicher Phänomene» (Sendlmeier/Sendlmeier 1991).

Gegen Ende der Babbelphase, etwa ab 0;10, treten gehäuft Kombinationen aus unterschiedlichen Klosant-Vokant-Verbindungen auf, wie *mamumumume* oder *dadu*. Man nennt dies ‹buntes Babbeln›. Die längeren Äußerungen weisen bereits die Intonation der Muttersprache auf. Hilke Elsen (1991) notierte solche – unverständlichen – ‹Sätze› ihrer Tochter mit Aussagesatzintonation, wie [dɛhɪjœmbva] im Alter von 1;0,23 [die Zahl hinter dem Komma gibt den Tag an], orthografisch notiert etwa *dähijömbwa*. Man kann davon ausgehen, dass Kinder auf diese Weise die Intonationsmuster ihrer Muttersprache festigen. Zugleich trainieren die Kinder im bunten Babbeln weiterhin die Artikulation der Übergänge zwischen Lauten – wie gesagt, eine entscheidende Voraussetzung für die Fähigkeit, Wörter auszusprechen. Ich komme auf diese ‹Sätze› in Kapitel 2.4 zurück.

Gegen Ende der Babbelphase entwickelt sich das bevorzugte Lautrepertoire in Richtung auf die Muttersprache. Für Kinder aus unterschiedlichen Sprachumgebungen konnte gezeigt werden, dass zwischen 0;9 und 0;13 die individuellen Unterschiede zurückgehen und das Lautrepertoire sich tendenziell der Verteilung der Phoneme in der Muttersprache angleicht. Beispielsweise produzieren französische und japanische Kinder mehr Nasale als englische und schwedische Kinder – Französisch und Japanisch zeichnen sich durch ein hohes Aufkommen an Nasalen aus. Zum anderen zeigte sich überwiegend eine Übereinstimmung in der Verteilung der Klosanten/Konsonanten im Babbeln und in den ersten Wörtern der Kinder. Sendlmeier/Sendlmeier (1991) haben dies für deutsche Kinder zwischen 0;11 und 0;15 gezeigt. Auch für manche Vokale wurde eine Übereinstimmung zwischen dem Vorkommen von Vokanten in der Lallproduktion und der Häufigkeit der Artikulationsstelle von Vokalen der Zielsprache gefunden. Allerdings scheinen bestimmte Vokale von dieser Entwicklung ausgenommen zu sein: [i]- und [u]-ähnliche Vokanten kommen, vermutlich aus anatomischen Gründen, auch am Ende des ersten Lebensjahres noch kaum vor, obwohl sie in der späteren Sprachentwicklung zu den am präzisesten artikulierten Vokalen gehören.

Zusammenfassend kann man also eine weitgehende Kontinuität der Entwicklung von der späten Babbelphase zur Phase der Aneignung der Muttersprache konstatieren. Schon Jakobson hatte in seinem heute noch lesenswerten Buch «Kindersprache, Aphasie und allgemeine Lautgesetze» behauptet – und in einer Reihe von empirischen Arbeiten wurde es nachgewiesen –, dass sich bei den meisten Kindern Babbeln und der Erwerb der ersten Wörter überlappen, und zwar für ca. vier bis fünf Monate.

2.2.3 Der Verlauf des Phonemerwerbs. Der Übergang von Klosanten und Vokanten zu einzelsprachlichen Konsonanten und Vokalen geschieht also unter dem Gesichtspunkt der Artikulation nicht schlagartig, sondern **kontinuierlich**. Vom Ende des ersten Lebensjahres bis zum Alter von etwa zweieinhalb Jahren erwirbt das Kind sowohl die wesentlichen segmentalen (phonemischen) Kontraste, also auch die Prosodie seiner Muttersprache. Wie wir oben, Kap. 1.2, gesehen haben, bedarf es zur korrekten Artikulation der Phone im gesprochenen Wort aber der Beherrschung von Übergängen zwischen den Phonen («Koartikulation»). Bis zur vollständigen Beherrschung dieser komplexen Techniken brauchen Kinder erheblich länger, Probleme noch bis ins siebte Lebensjahr sind keineswegs selten. Das besagt zweierlei: Erstens erwirbt das Kind die wesentlichen Aspekte der Phonologie seiner Muttersprache in einem relativ kurzen Zeitraum. Zweitens ist die lange Periode der Perfektionierung ein deutlicher Indikator für die Schwierigkeiten, die dieser Prozess insgesamt dem Kind bereitet, und ein weiteres Argument gegen die Behauptung, Spracherwerb sei ein Kinderspiel.

Ein qualitativer **Entwicklungssprung** ereignet sich aber um das erste Lebensjahr herum in anderer Hinsicht: Das Kleinkind beginnt, Lautfolgen in bedeutungstragender Funktion zu gebrauchen – es erwirbt die ersten Wörter (vgl. unten, Kap. 3). Der entscheidende funktionale Unterschied zwischen den Lautäußerungen der Babbelphase und den Lautäußerungen in den ersten Wörtern ist, dass die Laute nun bedeutungsunterscheidende Funktion und damit den Status von **Phonemen** erlangen. Jakobson (1941/1969) hat als erster den funktionalen Quantensprung des Übergangs von der reinen Lautäußerung zur Äußerung von Lauten als Phonemen herausgearbeitet und eine Beschreibung des Prozesses des Phonemerwerbs gegeben, die in ihren Grundzügen noch heute Bestand hat.

Jakobsons erste Hypothese besagt, die «relative Zeitfolge» des Erwerbs der Phoneme sei bei allen Kindern der Welt gleich. Diese Zeitfolge wiederum bilde, so die zweite Hypothese, das Vorkommen der Phoneme in den Sprachen der Welt ab, und zwar in folgender Weise: Beim Kind setzt der Erwerb der ‹hinteren Konsonanten› (Laryngale, Velare) den der ‹vorderen› (Labiale, Dentale) voraus. Man beachte, dass dieser Erwerbsprozess gerade umgekehrt verläuft wie die Entwicklung in der Babbelphase (vgl. oben, Kap. 2.2.2). Während letztere physiologisch motiviert ist, ist die Entwicklung der Phoneme funktional motiviert: Lautliche Eigenschaften bzw. **Kontraste** stehen im Dienste der Bedeutungsunterscheidung. In den Sprachen der Welt sind nur dann hintere Konsonanten vorhanden, wenn auch vordere vorhanden sind. So gibt es in einer natürlichen Sprache das /k/ nur, wenn es auch ein /p/ gibt, nicht aber umgekehrt. Der Erwerb der Frikative (z. B. /f/) setzt nach Jakobson beim Kind den Erwerb der Plosive (z. B. /p/) voraus; entsprechend gibt es in allen Sprachen der Welt Plosive, aber es gibt Sprachen, die keine Frikative kennen.

Das erste konsonantische Phonem des Kindes ist ein labialer Plosiv, /p/, der «den höchsten Energieausstoß aufweist», der erste Vokal geht mit einer maximalen Öffnung einher, ist also das /a/. Es folgen damit nach Jakobson der «optimale Konsonant» und der «optimale Vokal» aufeinander, ihre Abfolge bildet einen «maximalen Kontrast». Der erste konsonantische Gegensatz ist der zwischen Oral- und Nasallaut, d.h. zwischen /p/ und /m/, gefolgt vom Gegensatz zwischen Labialen und Dentalen, /p/ – /t/, /m/ – /n/. Diese Konsonanten bilden den «minimalen Konsonantismus», sie treten, so Jakobson, in allen Sprachen der Welt auf. Es kommt also zur Äußerung von *papa*, *mama*, *tata*, *nana*. Entsprechende Wörter sind in die ‹Ammensprache› eingegangen und teilweise als «infantile Schicht im Standardvokabular» der Erwachsenensprache enthalten. Die ersten sprachlichen Äußerungen sind zwar noch unvollkommene Realisierungen der Zielformen, doch werden sie, wie Wörter, vom Kind wiederholt gebraucht und von den Bezugspersonen wiedererkannt; man spricht von ‹Protowörtern›. Bei den Vokalen erscheint nach /a/ entweder eine engere, vordere Variante des /a/, nämlich [ɛ], orthografisch etwa *ä*. Den stärksten vokalischen Kontrast zum /a/ bildet aber eigentlich das /i/. Jakobson weist darauf hin, dass dieses bei manchen Kindern erst am Ende des zweiten Lebensjahres auftrete; wir hatten gesehen, dass die vorderen Vokale dem Kind tatsächlich artikulatorische Probleme bereiten. Beim engen Vokal wird dann zwischen einem palatalen, /i/, und einem velaren, /u/, unterschieden. Es ergeben sich zwei verschiedene mögliche frühe Systeme: *papa – pipi – pupu* oder *papa – pipi – pupu*. Letzteres System bildet den «minimalen Vokalismus», wegen der räumlichen Verteilung seiner Artikulation im Mund auch ‹Grunddreieck› genannt. Die ‹hinteren› Plosive werden zunächst noch durch dentale ersetzt, so /k/ durch /t/: die Bildung *tint* für *Kind* ist wohl allen geläufig, die je ein Kleinkind sprechen gehört haben.

Jakobsons Beschreibung und mithin die Hypothese vom «gesetzmäßigen», universalen Erwerb der Phoneme durch das Kind, obwohl auf einer eher schmalen Datenbasis aus der Literatur seiner Zeit beruhend, hat sich in Studien an Kindern unterschiedlicher Muttersprachen grob als zutreffend erwiesen, jedenfalls wenn man als ersten Plosiv auch den stimmhaften Labial /b/ zulässt und berücksichtigt, dass Frikative nicht in allen Fällen durch Plosive, sondern auch durch andere Frikative ersetzt werden: Z. B. tritt /s/ für eine Reihe anderer Frikative auf: *fisch* > *fis*. Die ersten Protowörter sind durchweg die erwarteten Äußerungen wie – hier von Englisch sprechenden Kindern – *mama*, *tak*, *pepe*, *mibi* und *pipi*. Auch deutsche Kinder äußern zuerst Protowörter wie [mama] *Mama*, [baba] *Papa*, [ba] *Buch* und [dɛdɛ] *dädä* = *Teddy* (Annalena, vgl. Elsen 1991).

Es könnte nun der Eindruck entstanden sein, als würden die Phoneme in begründbarer Reihenfolge, aber unabhängig von den Wörtern, in denen sie vorkommen, erworben. Das trifft nicht ganz zu, denn tatsächlich sind Phonem- und Worterwerb miteinander verquickt. Ein attraktives Wort kann für das Kind Anlass sein, sich mit einem Phonem abzumühen, das eigentlich noch nicht ins Repertoire passt. So kommt bei Annalena im 12. Lebensmonat und damit vorzeitig der Velar /k/ in *kikeriki* vor, ein zweifellos hochfrequentes und attraktives lautmalerisches Wort. Eine sprachvergleichende Studie ergab, dass sich mehrere Kinder in jeder der untersuchten Sprachen z. B. mit dem jeweiligen Wort für *Schuh* abmühten, obwohl es im Englischen und Französischen mit einem Frikativ (*shoe*, *chaussure*) und im Schwedischen gar mit einer Konsonantenverbindung (*sko*) beginnt – letztere besonders schwierig für Kinder im frühen Stadium des Phonemerwerbs. Die Reihenfolge des Phonemerwerbs wird also auch durch das Vorkommen der Phoneme in den Wörtern der jeweiligen Sprache beeinflusst.

Kann ein Kind ein «interessantes» Wort wie *Schlüssel* oder *Hund* aufgrund artikulatorischer Probleme definitiv nicht aussprechen, wird es dieses Wort entweder vermeiden (auch wenn es das Wort versteht) oder ersetzen. So mied Annalena mit ca. 1;0 das Wort *Schlüssel*, und für *Hund* übernahm sie das lautmalerische Protowort *wauwau* in der vereinfachten Variante *wawa*. *Hase*, ebenfalls ein artikulatorisch mit 0;11 noch nicht bewältigtes Wort, ersetzte Annalena durch einen Schnieflaut – wegen der damit verbundenen Bewegung von Oberlippe und Nase durchaus naheliegend. Schon Jakobson hatte erkannt, dass die sog. wilden Laute (vgl. Kap. 2.2.2) nicht nur in der Babbelphase, sondern auch später noch ersatzweise verwendet werden, wenn die Phoneme des passenden Wortes noch nicht (alle) zur Verfügung stehen.

2.3 Der frühe Input

Das Kind muss das Phonemsystem und die Wortformen seiner Muttersprache **lernen**, d. h., es muss der Sprache seiner Umgebung die notwendigen Informationen entnehmen können – es braucht ‹Input›. Dabei ist Imitation die entscheidende Quelle der Wortformentwicklung – dass im Deutschen «geben» mit *geben* und im Englischen mit *give* bezeichnet wird, kann das Kind nicht anders erschließen. In der Regel erlernen kleine Kinder Wortformen bereits, wenn sie sie einige wenige Male gehört haben. Schon bei Zweijährigen wurde gezeigt, dass u. U. sogar einmalige Exposition genügt (Gathercole/Baddeley 1990). Dabei hängt die Effizienz des Lernens u. a. von der Qualität des phonologischen Arbeitsgedächtnisses ab (Hasselhorn/Werner 2000). Darüber hinaus erwirbt jedes Kind so viel Wissen über das Lexikon seiner Sprache, dass es einerseits neue Wörter bilden kann, die andere verstehen, und andererseits Wortneubildungen verstehen kann, die es hört (z. B. in der Sprache der Werbung). Das Kind erwirbt eine Art «lexikalischen Werkzeugkasten». Dieses Wissen impliziert die Fähigkeit, zu entscheiden, ob eine Lautform ein mögliches Wort der Muttersprache darstellt oder nicht. Englische Sprecherinnen haben, mit einem Beispiel von Chomsky, die Formen *strid* und *bnid* noch nie gehört, können aber mit Sicherheit entscheiden, dass *bnid* kein mögliches Wort des Englischen ist. Deutsche Sprecher kommen zu demselben Schluss, arabische hingegen urteilen gerade umgekehrt. Solche Urteile übersteigen logischerweise die Erfahrung, mithin die reine Imitation, denn die Sprecherinnen können die Formen ja noch nicht gehört haben. Neben der Imitation des Input haben wir es also auch auf dem Gebiet des Erwerbs der Wortformen mit Regelbildungen zu tun. Dass der Erwerb der Wortbedeutungen durchweg ein komplexer Prozess ist, der vom Kind aktive Beteiligung erfordert, werde ich in Kap. 3.1 ausführlich darstellen.

Für den Erwerb des Wortschatzes ist also der Input von ausschlaggebender Bedeutung. Schon pränatal bekommt das Kind sprachlichen Input (vgl. oben, Kap. 2.1), und das bleibt im Normalfall so: In der Umgebung des Kindes reden Erwachsene miteinander. Von besonderem Interesse aber ist die speziell «an das Kind gerichtete Sprache» (KGS; Szagun 2008). KGS tritt in drei aufeinanderfolgenden Erscheinungsformen auf, nämlich als ‹Ammensprache›, ‹stützende Sprache› und ‹lehrende Sprache› (Weinert/Grimm 2008). Ich gebe im Folgenden eine kurze Charakterisierung der Ammensprache und der stützenden Sprache, die für die Wortschatzentwicklung des Kindes von besonderem Interesse sind. Die lehrende Sprache wird uns dann im Zusammenhang mit der Grammatikentwicklung beschäftigen (vgl. unten, Kap. 5).

Ammensprache wird Säuglingen im ersten Lebensjahr gegenüber eingesetzt und zeichnet sich in der Regel durch hohe Tonlage, deutliches Sprechen, übertriebene Satzmelodie, Pausen zwischen den einzelnen Phrasen, Betonung besonders wichtiger Wörter, Wiederholungen und Vermeidung komplizierter Sätze aus. Man kann beobachten, dass dieses Register auch gegenüber Ausländern, geistig Behinderten, alten Menschen und (kleineren) Tieren angewendet wird, u. U. mit gewissen Modifikationen, wie dem Wegfall der hohen Stimmlage, wenn die Angesprochenen selbst erwachsen sind. In der Kommunikation mit Säuglingen scheint es auch kulturelle Unterschiede zu geben, so ist offenbar das Merkmal ‹hohe Tonlage› nicht obligatorisch. Es gibt zudem Gesellschaften, in denen Erwachsene Säuglinge weniger in Formen dialogischer Kommunikation verwickeln, als das in unserer Kultur üblich ist. Nach Berichten der Anthropologin Bambi Schieffelin scheinen die Kaluli, ein steinzeitlich lebender Stamm in Neuguinea, an Säuglinge zwischen 0;6 und 1;0 eher einseitige Äußerungen, wie Aufforderungen und rhetorische Fragen, zu richten. Es ist also falsch, wenn immer wieder in der Literatur behauptet wird, die Kaluli würden mit ihren Säuglingen und Kleinkindern gar nicht sprechen, richtig ist aber, dass die Kaluli kein Register von der Art unserer Ammensprache verwenden.

Aus Trackton, einem in den 1970er Jahren von sieben afroamerikanischen Familien bewohnten Ortsteil der Gemeinde Gateway in den Piedmont Carolinas (USA), berichtet Heath

(1983) Ähnliches: Erwachsene betrachten Säuglinge und Kleinkinder nicht als adäquate Kommunikationspartner. Weil sich alle Mitglieder der kleinen Gemeinde für alle Kinder zuständig fühlen und die Kinder in jedes Geschehen integriert sind, wird zwar in ihrer Umgebung ständig kommuniziert, aber sie werden nicht direkt angesprochen, und es gibt keine auf sie zugeschnittenen Äußerungsformen im Sinne einer KGS. Auf die Babbeläußerungen der Säuglinge antworten die Erwachsenen nicht, sondern sie kommentieren sie. Auch solchen Lautäußerungen des Kindes, die man als Bezugnahme auf Gegenstände oder Ereignisse der Umgebung interpretieren könnte – was die Bezugspersonen in unserem Kulturkreis auch konsequent tun –, schenken die Erwachsenen in Trackton keine Beachtung. Ammensprache ist also kein universales Register von Erwachsenen im Kontakt mit Kindern im ersten Lebensjahr. Daraus kann man schließen, dass Ammensprache auch **kein notwendiges** Register für das Gelingen des Spracherwerbs ist.

Die Ammensprache hat zwei Funktionen: Erstens steuert die Dialogsituation die Aufmerksamkeit des Kindes und ermöglicht es ihm, Beziehungen zwischen dem eigenen Verhalten und dem der Mutter zu erkennen. Da die Mutter das Verhalten des Kindes interpretiert, verleiht es diesem auch für das Kind ‹Bedeutung› – das Kind beginnt, begriffliche Repräsentationen aufzubauen. Damit ist ein Grundstein für den Erwerb von Wortbedeutungen gelegt. Zweitens: Die Aufgabe, die für die Muttersprache spezifischen Phoneme zu erkennen und schließlich auch produzieren zu lernen, wird zweifellos durch die deutliche Artikulation und Segmentation erleichtert. Das betrifft nicht nur die Laut- und Wortebene: Schon mit 0;7–0;10 reagieren Kinder auf die prosodische Einteilung von Sätzen in Teilsätze, so dass die klare Segmentierung der Ammensprache möglicherweise sogar den Einstieg in den Syntaxerwerb erleichtert.

Die Mutter-Kind-Dialogsituation wird im zweiten Lebensjahr des Kindes in Form der ‹stützenden Sprache› ausgebaut. Die Mutter lenkt die Aufmerksamkeit des Kindes auf bestimmte Ausschnitte der Realität, z.B. auf Abbildungen in einem Bilderbuch, und gibt in Form von Routinen einfache Dialogstrukturen vor, die den Worterwerb erleichtern. Doch wäre es falsch zu vermuten, dass allein die Mutter aktiv ist. Vielmehr verfügt das Kind über Handlungsweisen, z. B. Zeigegesten, durch die es die Interaktion mit steuern kann. So kann es mit vorsprachlichen Mitteln schon in einer frühen Phase ein evidentes Problem lösen: Im Dialog muss es irgendwie herausbekommen, wovon die Rede ist. Damit ist es aber am Beginn des Spracherwerbs oft überfordert. Also beeinflusst es, worüber gesprochen wird, mit vorsprachlichen Mitteln selbst. Im folgenden Gesprächsausschnitt aus Buchholz (1999) zeigt Moritz (MO) im Alter von 1;7,7 im Gespräch mit der Bezugsperson OMT selbst auf Abbildungen und fordert damit OMT zur Benennung auf. Der Dialog wird auf Schweizerdeutsch geführt:

```
01 OMT   ...=sch das dä schme"ttaling ↓ * ja
02 MO    # uii ↓ #
         # WILL UMBLÄTTERN, ES KLAPPT NICHT #
03 OMT   # o jöö ↑ #
         # BLÄTTERT UM #
04 MO    # ä #
         # ZEIGT AUF DIE NÄCHSTE SEITE #
05 OMT   # ooh # und do" hm was isch au des ↑ isch des au ä claun
         ↓ * ä claun isch=s↓ *
         # ÜBERWÄLTIGT #
06       un ä <epfäli↓ * ä <epfäli↓ * ä <epfäli↓ * gält↑ *
07 MO    # ou #
         # ZEIGT ETWAS IM BUCH #
08 OMT   oh <oh un do isch be"bi drin↓ un=s schau"gelpferdli↓ *
         <(s) schaugelpferdli
09 MO    äää↑ äää↓
```

(Es bedeuten: ↓ fallende Intonation; ↑ steigende Intonation; < lauteres Sprechen; " Akzent auf Vokal oder Diphthong; = Verschleifung von Vokalen oder zwischen Wörtern; * kurze Pause; kommentierte Redepassagen sind mit # eingeklammert)

In den Äußerungen 05, 06 und 08 ist die Struktur der Hervorhebung und Wiederholung des jeweiligen benennenden Nomens augenfällig. So wird in «ä <epfäli↓ *» *epfäli* (*Äpfelchen*) mit zunehmender Lautstärke gesprochen, danach fällt die Intonation stark ab, und es folgt eine kurze Pause vor der (nächsten) Wiederholung. In 05 wählt OMT darüber hinaus für das einleitende *oh* eine «dramatische» Prosodie als Mittel, die Aufmerksamkeit von MO zu steigern und die eigene Beteiligung zu demonstrieren. Man sieht an diesem Beispiel, wie ein strukturierter Input aussieht; in diesem Stadium kann man Moritz' Reaktionen (*uii*, *ou* und *äh äh*) aber noch nicht entnehmen, wie sein ‹Intake› aussieht, was er also aus diesem Input macht.

Das ändert sich sehr bald: Mit 2;0,20 ist Moritz sprachlich deutlich aktiver, wie der folgende Dialog beim Betrachten eines Bilderbuchs mit Bezugsperson P belegt. In 05 und 07 nimmt er Benennungskorrekturen von P mit großer Selbstverständlichkeit auf, nun lässt sich der Intake kontrollieren (vgl. die Annäherung *wasad* an die Zielform *Wasserrad* in 07).

01 MO	# <des is ä kinderwagä↓ #
	# ZEIGT AUF EIN BILD #
02 P	# ä hä # nai: des des isch kai kinderwagä↓ des isch ä ä lei"terwagä hm↓
	# LACHT #
03 MO	leiterwagä↓ * leiterwagä↓
04 P	un was isch do/ # du" was isch des do↑ #
	# ZEIGT #
05 MO	wind:as↓
05 P	ä wind"rad↓ ä wa"sserrad isch des↓
07 MO	wasad↓ […]

(Es bedeuten: / Wort- oder Konstruktionsabbruch; : Dehnung)

In der prototypischen Benennsituation mit KGS ist also in gewisser Weise ein Ideal erfüllt: Das Kind bekommt ein Wort in überschaubarem Kontext, den es mit steuern kann, in herausgehobener Intonation präsentiert, häufig mehrfach, und es hat Gelegenheit, das Wort wiederholend zu «üben». Doch lernen Kinder neue Wörter keineswegs nur in Situationen mit KGS, sonst würde der Wortschatzerwerb viel zu lange dauern. Sie müssen vielmehr auch in normalen Kommunikationssituationen Wörter erkennen, die durch allerlei Verschleifungen und Auslassungen entstellt sind: *ich sag, ich mein; sie warn, sie fingn; nich, er is; hamm* statt *haben* (Schwitalla 2006). In bestimmten Kontexten werden Wörter «resillabifiziert»: Wir sagen in der Umgangssprache nicht *hoffentlich|geht|er*, sondern *hoffentlich|geh|ter; geh* und *ter* sind aber keine deutschen Wörter. Hier stehen Kinder vor einer schwierigen Zerlegungsaufgabe, und es verwundert nicht, dass sie manche Formen zunächst ganzheitlich übernehmen, ihre Struktur also noch nicht durchschauen. Ein Beispiel ist die von Annalena mit 1;6,4 produzierte Form [ziːstə] – *siehste!* – in der Bedeutung *siehst du, hab ich's nicht gesagt!* Offensichtlich handelt es sich hier um die ganzheitliche Übernahme der entsprechenden Reduktionsform aus der Erwachsenensprache, und es ist nicht auszuschließen, dass Kindern manche Vollform erst bewusst wird, wenn sie schreiben lernen.

Auch die stützende Sprache ist nicht universal. Wiederum aus Trackton liegen hierzu Beobachtungen vor: Die Jungen, nicht aber die Mädchen, werden ab etwa 1;0–1;2 auf den Terrassen der Häuser herumgereicht, und die Erwachsenen necken sie. Erwartet und kommentiert werden nonverbale Reaktionen der Jungen, also z. B. aggressive Gesten, wenn ihnen die Flasche weggenommen wird. Ab etwa 1;4 äußern die Jungen über jeweils mehrere Wochen kleine ganzheitliche Sequenzen, z. B. *go on, man* in den Bedeutungen *nein, gib es mir* und *lass mich in Ruhe*. Außerdem sprechen sie Äußerungsteile der Erwachsenen echohaft nach. Z. B. Erwachsene: ... *got no jobs* [... *haben keine Jobs bekommen*]; Kind (1;4): *got no jobs*. Und sie beginnen, in der Kommunikation aktiv zu werden, sprechen sie an und unterbrechen sie auch. Mädchen erreichen dieses Stadium des aktiven, produktiven sprachlichen Handelns erst mit etwa 1;10, wobei es nicht geduldet wird, wenn sie Erwachsene unterbrechen. Dialoge von der Art der stützenden Sprache sind aus Trackton nicht überliefert. Man kann also auch für dieses Register sagen, dass es nicht universal und deshalb für den Spracherwerb auch **nicht notwendig** ist. Interessant ist die Beobachtung, dass die

Mädchen in Trackton später sprachlich aktiv werden als die Jungen: Offensichtlich führt das Ausschließen der Mädchen aus der sozialen Interaktion zu einer Verzögerung des Spracherwerbs.

2.4 ‹Analytisches› und ‹ganzheitliches› Vorgehen

Die bisherige Darstellung legt nahe, Kinder kämen nur zur Sprache, indem sie aus den Äußerungen Erwachsener Wörter herausanalysieren und diese dann reproduzieren – ein ‹analytisches› Vorgehen. Das ist aber nicht die einzige mögliche Strategie. Die Alternative ist das ‹ganzheitliche› oder ‹holistische› Vorgehen, bei dem das Kind längere Äußerungen (re)produziert und die Details später herausarbeitet. Dieses Vorgehen ist uns bei den Jungen aus Trackton schon begegnet. Clara und Wilhelm Stern (1928) haben in ihrer klassischen Tagebuchstudie vor hundert Jahren beobachtet, dass ihr Sohn Günther (der unter dem Namen Günther Anders ein bedeutender Philosoph wurde), im Unterschied zu seiner jüngeren Schwester Hilde bereits im Alter von 1;2, nur vier Monate nach dem Auftreten des ersten Wortes, kleine «Sätze» äußerte, wie *da is puppe! – da is papa, süa [sieh mal]! – da is de buph [Fuß]!* Auch von 1;2 bis 1;11 blieb, so die Sterns, für Günther das Sprechen in «Sätzen» charakteristisch, mal als unverständliches «Kauderwelsch», mal auch verständlich. Dieses vielen Eltern wohlvertraute Phänomen wurde in der Forschung lange ignoriert. Erst Nelson (1973) beschrieb in einer Untersuchung der ersten Wörter von 50 Kindern bei einigen von ihnen ebenfalls komplexere Äußerungen. Da ganzheitlich vorgehende Kinder außerdem mehr Eigennamen und mehr «personalsoziale» Wörter (wie *hallo*, *nein*, *heia*) verwenden, nennt Nelson sie «expressive Kinder». Die übrigen, die zunächst mehr Allgemeinnamen (wie *piepie* für *Vogel* oder *wawa* für *Hund*) erlernen und Einzelwörter äußern, also analytisch vorgehen, nennt sie «referenzielle Kinder». Doch hat Nelson auch schon gesehen, dass diese Strategien oder ‹Stile› nur bei einzelnen Kindern in einer relativ reinen Form vorkommen, während die meisten Kinder, mit unterschiedlicher Gewichtung, beide Vorgehensweisen zeigen.

Elsen (1996) vertritt die plausible Auffassung, dass die Wahl zwischen den Stilen oft funktional bestimmt ist: Annalena verwendet den expressiven Stil, wenn sie die Interaktion aufrechterhalten will, den referenziellen Stil, wenn sie über die Dinge in ihrer Umgebung spricht. Längere unverständliche Äußerungen im expressiven Stil – man spricht von ‹Jargon› – treten ab 0;9 im Dialog mit der Mutter auf, z. B. [dapədɛdapədɔː], etwa: *dapedädapedoh*, oder [dɛhɪjœmbva], (vgl. oben, Kap. 2.2.2). Kinder können mittels solcher Jargon-Äußerungen ihre Rolle im Dialog behaupten und die Anforderungen des Sprecherwechsels erfüllen, obwohl ihnen die notwendigen Wörter noch fehlen. Auch können auf diese Weise Kommunikationssituationen «gespielt» werden. Katharina begann mit 1;7, sich den Telefonhörer an das Ohr zu halten, zu wählen und mehrere Minuten lang mit muttersprachlicher Prosodie zu «telefonieren», wobei sie fast ausschließlich Jargon produzierte.

Ein typisches Merkmal des ‹expressiven Stils› sind sog. Amalgame, feste Ausdrücke, in denen mehrere Wörter verschmolzen sind. Annalena äußerte u. a. *data* für *das da* (ab 0;10), *getich*, *gehnis* und weitere Formen (ab 1;3,19) für *geht nicht!* (in der gesprochenen Sprache: *geht nich!*), und es kann unterstellt werden, dass sie nicht als Wortfolge, sondern als ganzheitlicher Ausdruck produziert wurden. Daraus wiederum folgt, dass sie erst in einem späteren Stadium des Erwerbs analysiert und als zusammengesetzt erkannt werden. Längere Jargonäußerungen können gleichzeitig mit ‹analytischen› Äußerungen auftreten: Annalena produzierte z. B. Äußerungen wie: *bapaisisa* (1;3,12) und *bapaisisda* (1;3,18), hier grob orthografisch wiedergegeben, mit der Bedeutung *Papa ist nicht da*. Zur selben Zeit bediente sie sich aber auch des ‹referenziellen Stils›, produzierte also ‹analytische› Äußerungen mit derselben Bedeutung, so *nein papa* (1;3,16) und *papa da nein* (1;3,25). Dadurch wird der Kontrast zwischen expressivem und referenziellem Stil besonders augenfällig.

Im Regelfall, so darf man aus dem Gesagten schließen, verwenden Kinder also beide Strategien oder Stile: Während der expressive Stil eher soziale, kommunikative Funktion hat, erfüllt der referenzielle Stil eher die Bezeichnungsfunktion.

3. Der Erwerb der Wörter

3.1 Der Bedeutungserwerb

3.1.1 Grundlagen des Bedeutungserwerbs. In Kap. 2 habe ich dargestellt, dass der Übergang von der vorsprachlichen Phase zur Phase des Erwerbs der muttersprachlichen Phoneme unter dem Gesichtspunkt der Artikulation kontinuierlich vor sich geht, dass dieser Übergang aber funktional gesehen durch einen qualitativen Entwicklungssprung gekennzeichnet ist: Als Phoneme haben die Laute nun eine bedeutungsunterscheidende Funktion – Phonemfolgen, also Wortformen, tragen eine Bedeutung.

Eve Clark (1993) spricht deshalb von einer «Abbildungsaufgabe», vor der die Kinder stehen: Sie müssen die Wortformen ihrer Sprache isolieren, sie müssen potenzielle Wortbedeutungen aufbauen, und sie müssen die Bedeutungen auf die Formen abbilden.

Was aber heißt das: Bedeutungen aufbauen? Verstehen und bedeutungsvoller Gebrauch von Wörtern setzen Wissen voraus. Das Kind muss auf strukturierte Erfahrungen mit seiner Umwelt zurückgreifen können, es muss Begriffe und Kategorien entwickeln. Diese kognitiven Leistungen sind viel früher nachweisbar, als man lange Zeit – vor allem im Gefolge von Jean Piagets Entwicklungstheorie – glaubte: Elementare Einsichten in kausale Zusammenhänge, nämlich mechanische Verursachung, zeigen schon sechs Monate alte Säuglinge, andere konzeptuelle Differenzierungen sind ab 0;8 nachweisbar (Pauen 2007): Kinder beginnen nun, Männer von Frauen sowie Babys von größeren Kindern und Erwachsenen zu unterscheiden. Sie können auch Objekte nach Ähnlichkeiten kategorisieren, zwischen sich bewegenden Tieren (belebt) und Fahrzeugen (unbelebt) unterscheiden, und sie zeigen eine deutliche Tendenz zum Erkennen von Kausalbeziehungen, wobei sie eher Handelnden und Handlung aufeinander beziehen als Handlung und Handlungsempfänger.

Im Hinblick auf den Spracherwerb ist nach Piaget die Erkenntnis der ‹Objektpermanenz› von herausragender Bedeutung: Etwa mit 0;8 beginnen Kinder nach einem Gegenstand, der z. B. durch ein Tuch abgedeckt wurde, zu suchen. Für Piaget ist die Vorstellung von der fortdauernden Existenz eines Objekts, unabhängig von der eigenen Wahrnehmung, der erste komplexe ‹Begriff›, den das Kind entwickelt. Damit ist ein erster Meilenstein auf dem Weg zur Entwicklung der ‹Symbolfunktion› erreicht (Montada 2002): Das Kind kann nun eine ‹innere Repräsentation› von Handlungen und Gegenständen aufbauen. Indiz für den Aufbau von inneren Repräsentationen ist die ‹verzögerte Nachahmung›, denn um z. B. eine von einem Erwachsenen produzierte Bewegungsfolge mit Zeitverzögerung nachahmen zu können, muss das Kind ja zunächst eine Repräsentation dieser Bewegungsfolge gebildet haben. Ebenfalls im Zuge des Aufbaus dieser Fähigkeit zeigt das Kind Aktivitäten, die eine symbolische Darstellung einer Handlung beinhalten: Als Piaget im Blickfeld seiner Tochter (0;11) die Augen schloss und wieder öffnete, öffnete und schloss diese langsam und systematisch die Hand – was Piaget als symbolische Darstellung des Öffnens und Schließens der Augen interpretiert. Auch im Spielen des Kindes manifestiert sich der beginnende Symbolgebrauch, so z. B. wenn das Kind einen Bauklotz als ‹Auto› über den Teppich schiebt und dazu Brummgeräusche macht. Solche ‹Spielsymbole› sind individuell (Piaget 1996). Gesten mit einer fest zugeordneten Funktion, wie z. B. das Deuten auf ein bestimmtes Objekt, um die Mutter auf dieses aufmerksam zu machen, das Winken mit der Hand als Gruß oder Kopfschütteln als Ausdruck der Ablehnung, belegen, dass das Kind etwas mitteilen will. Zugleich markieren sie den Übergang zu ‹konventionellen Symbolen› – also zu Symbolen mit willkürlicher Zuordnung zum Repräsentierten, die zugleich in der Gemeinschaft, die sie benutzt, qua Konvention festgelegt sind. Insofern kommt den ‹referenziellen›, d. h. auf Gegenstände verweisenden, und konventionellen Gesten, wie Grimm (1999) formuliert, «eine Brückenfunktion für den Übergang vom nichtsprachlichen zum sprachlichen Handeln» zu. Zur selben Zeit, etwa ab 0;9, beobachtet man lautliche Äußerungen, die zwar in einem losen und situationsgebundenen Zusammenhang mit dem stehen, was sie repräsentieren – Gefühle des Kindes, Verlangen nach bestimmten Gegenständen, Verweis auf interessante Wahrnehmungen oder Gruppen von Gegenständen usw. –, die aber wegen ihrer gleichbleibenden Form wiedererkennbar sind und die wir in Kap. 2.2.3 als ‹Protowörter› kennen gelernt haben. Das Kind kommuniziert nun nicht mehr nur, um Bedürfnisse zu signalisieren, sondern auch um der Kommunikation selbst willen, eine für den weiteren Verlauf des Spracherwerbs wichtige Tätigkeit, die man bei sprachtrainierten Affen in dieser Form nicht findet. Die Protowörter können auf spontane Lautproduktionen der Kinder zurückgehen, die von den Bezugspersonen aufgegriffen werden; ein Beispiel ist der Diphthong /ai/, der in Verbindung mit der Streichelgeste gebraucht wird. Es kann sich aber auch um lautmalerische Äußerungen handeln, wie /bmbm/ oder /brumbrum/ für *Auto*. Von «echten» Wörtern unterscheiden sie sich durch ihre stärkere Bindung an die jeweilige Situation und dadurch, dass sie nicht Bestandteil des Lexikons der Erwachsenensprache sind.

Protowörter sind Vorläufer der ersten, etwa mit 1;0 geäußerten Wörter, der im eigentlichen Sinne konventionellen Symbole. Die ersten kindlichen Wortäußerungen sind also durch den – nicht immer ohne Weiteres erkennbaren – lautlichen Bezug zu den Wörtern der Erwachsenensprache definiert. Dabei treten Protowörter und Wörter eine Zeit lang parallel auf, es kann sogar zu Verbindungen von beiden kommen, wie in *piepvogel*, *bähschaf* und *adagehen* (Stern/Stern 1928).

3.1.2 Bedeutungswandel.
Unter den ersten Wörtern, die das Kind äußert, finden sich kontextspezifische Bezeichnungen, z. B. *duck* (*Ente*), gebraucht nur für drei gelbe Spielzeugenten (Weinert/Grimm 2008). Man spricht in diesem Fall von ‹Überdiskriminierung› der Bedeutung, denn der Bedeutungsumfang ist enger als in der Erwachsenensprache. Auch das gegenteilige Phänomen, die ‹Überdehnung› oder ‹Übergeneralisierung›, wird bei ein- bis zweijährigen Kindern regelmäßig beobachtet. Szagun (2008) schätzt, dass etwa 30% der Wörter überdehnt werden. Moë verwendet mit 1;1 das Wort *sasa* [zaza] (Wasser) für alles

Flüssige, das Wort *wawa* [wawa] zunächst für die beiden Hunde der Familie, dann auch für alle anderen kleineren Tiere, Tauben eingeschlossen. Zu Übergeneralisierungen kommt es offensichtlich, weil Kinder noch unvollständige Bedeutungsrepräsentationen aufgebaut haben. Eve Clark hat diese Hypothese in den 1970er Jahren zu einer «Theorie der semantischen Merkmale» ausgebaut: Sie geht davon aus, dass Kinder zunächst nur recht allgemeine Bedeutungselemente (‹Merkmale›), wie [FLÜSSIG] oder [KLEIN, LÄUFT AUF DEM BODEN], mit den entsprechenden Wörtern verbinden und erst nach und nach spezifischere Merkmale dazu erwerben, wie [KLARE, GERUCH- UND GESCHMACKLOSE FLÜSSIGKEIT] für *Wasser*. Elsen (1995) beschreibt, wie Annalena mit 0;9 das Wort *Ei* zunächst zur Bezeichnung des von ihr geschätzten Lebensmittels erwirbt, es aber mit Ende 1;0 auf alle eiförmigen bis runden Gegenstände anwendet, also überdehnt. Offensichtlich hat A. also das Wort *Ei* mit einem Bezugsobjekt, dem Referenten «Ei», erworben und zwei seiner Merkmale, nämlich die ungefähre Größe und die Form, zum Anwendungskriterium gemacht. Das Ei wird damit zu einem ‹prototypischen› Referenten für das Wort Ei, seine Merkmale bilden die Grundlage der Überdehnung. Mit 0;11,11 erwirbt A. das Wort *Ball* und verwendet es von 1;0 bis ca. 1;2 auch in der Bedeutung von *Kugel*. Interessant ist, dass sie ab ca. 1;2,5 *Ei* zunächst auch zur Bezeichnung von Tomaten, dann auch von Mohrenköpfen und Kartoffeln gebraucht, nicht mehr zur Bezeichnung von Nicht-Essbarem. Elsen schließt daraus : A. hat nun, neben den Merkmalen der ungefähren Größe und der Form, für *Ei* ein weiteres Merkmal [ESSBAR/SCHMECKT GUT] erkannt, das den Anwendungsbereich einschränkt. Für runde Gegenstände stehen zwei Wörter, *Ei* und *Ball*, zur Verfügung, wobei das erstere (kleinere) essbare, das letztere nicht-essbare bezeichnet.

Wie dieses Beispiel zeigt, orientieren sich Kinder nicht nur an – ihrerseits variablen – Merkmalen, sondern sie nutzen auch die Orientierung an ‹Prototypen›, also für sie prominenten Referenzobjekten. Diese können als erste Anhaltspunkte für Klassenbildungen und gemeinsame Bezeichnung dienen, wie im Beispiel von *Ei* für alle kleineren runden Objekte. Melissa Bowerman hat diese Idee zu einer ‹Prototypentheorie› des Bedeutungserwerbs ausgebaut (Szagun 2008).

Die frühen Wortbedeutungen sind also höchst instabil, die Wörter machen einen ständigen ‹Bedeutungswandel› durch (Stern/ Stern 1928). Die Sterns vermuten, dass die noch nicht durchstrukturierten Begriffe der Kinder ein Grund dafür sein könnten. Plausibel erscheint auch die Annahme, dass Kinder, wenn ihnen das zutreffende Wort fehlt, ein einigermaßen passend erscheinendes wählen. Überdehnungen könnte dann eine Art Ähnlichkeitsurteil zugrunde liegen (*wawa* für *Taube* könnte also heißen: *Die Taube ist auch so eine Art wawa = Hund*). Es ist durchaus denkbar, dass das Kind, wenn es *wawa* zu einer Taube sagt, «weiß», dass die Taube kein Hund ist, so wie es auch weiß, dass die Schachtel, die im Spiel als Auto dient, kein Auto ist – es könnte sich um eine Art ‹Symbolspiel› handeln (Piaget 1996).

3.1.3 Benenneinsicht und die «Theorie des Geistes». Sind die ersten 50 Wörter erworben, kommt es mit etwa 1;6 bei vielen Kindern zu einem rasanten Anwachsen des Wortschatzes, dem ‹Vokabelspurt› (vgl. unten, Kap. 3.2.1). Als eine mögliche Ursache dieses Phänomens kommt die ‹Benenneinsicht› in Frage. Demnach gelangt das Kind etwa mit 1;6 zu der bahnbrechenden Erkenntnis, dass alle Gegenstände in seiner Umgebung einen «Namen» haben. Die Benenneinsicht führt zu den allen Eltern vertrauten Benenndialogen, und es gilt als sicher, dass Mütter, die mit ihren Kindern häufig Benennungsspiele spielen, diesen beim Wortschatzaufbau helfen. Außerdem scheint der Vokabelspurt mit dem Fortschreiten der phonologischen Fähigkeiten zusammenzuhängen, also der Fähigkeit, schwierigere Wortformen zu lernen (Elsen 1999).

Was bringt das Kind für den Bedeutungserwerb mit? Wir haben in Kap. 3.1.1 gesehen, dass das Kind im ersten Lebensjahr die Fähigkeit erwirbt, elementare Kategorisierungen seiner Umwelt vorzunehmen. Damit ist eine Voraussetzung der ‹Abbildungsaufgabe›, also Wortformen Bedeutungen zuzuweisen und umgekehrt, erfüllt. Doch ist die Abbildungsaufgabe auch in «einfachen» Benennsituationen, also für Gegenstandswörter (Konkreta), viel schwieriger zu lösen, als man vermuten möchte – von Abstrakta wie *Glaube*, *Hoffnung*, *Liebe* ganz zu schweigen. Die erstaunlichen Komplikationen hat der amerikanische Philosoph Willard V. O. Quine (1960) am Beispiel eines Forschers durchgespielt, der in Begleitung eines Eingeborenen, dessen Sprache er nur rudimentär mächtig ist, auf ein Kaninchen trifft. Der Eingeborene tut die Äußerung *gavagai*, und Quine zeigt, dass die Möglichkeiten der Bedeutungszuweisung theoretisch unbegrenzt sind. Woher weiß in vergleichbarer Situation ein Kind – so fragen Weinert/Grimm (2008) –, dass das Wort *Hund* sich nicht auf den Knochen, die Handlung des Nagens, auf den Schwanz, die Schnauze oder die Farbe des Hundes bezieht? Wie kann das Kind aus den vielen möglichen Bedeutungen eines Wortes die richtige herausfinden?

Markman (1990) hat dazu einen stark beachteten Vorschlag gemacht: Sie geht davon aus, dass Kinder nicht jeweils eine große Zahl von Hypothesen über mögliche Bedeutungen eines Wortes prüfen und verwerfen müssen, dann wäre nämlich der Bedeutungserwerb ein hoffnungsloses Unterfangen. Vielmehr gehen die Kinder an diese Aufgabe mit Annahmen heran, die die Zahl möglicher Hypothesen einschränken. Eine solche Beschränkung, die «Ganzheitsannahme», sagt dem Kind, ein neues Wort in einer Benennsituation sei auf das ganze Objekt zu beziehen, nicht auf Teile davon, Farbe oder Material. Probleme bereitet allerdings die Frage, wie derartige Beschränkungen zu erklären sind: Die Ganzheitsannahme etwa könnte als solche angeboren, aber auch auf andere, allgemeinere kognitive Mechanismen zurückführbar sein, und Hollich et al. (2007) räumen sogar ein, dass die Kinder möglicherweise «soziale Hinweise» der Versuchsleiter dahingehend interpretiert haben könnten, diese hätten intendiert, das ganze Objekt zu bezeichnen. Wie wir gleich sehen werden, ist damit ein Weg angedeutet, auf die Annahme solcher Beschränkungen zu verzichten. Außerdem lassen sich Beschränkungen wie die Ganzheitsannahme nur auf Benennsituationen mit einem konkreten, wahrnehmbaren Gegenstand und deshalb auf den Erwerb von Nomina für Objekte beziehen. Wie die Bedeutung von anderen Wörtern erworben wird, bleibt offen. Man findet aber schon im frühen Wortschatz des Kindes neben Objektwörtern auch Wörter für Handlungen, Bewegungen, Orte und Ereignisse, für soziale Routinen, beispielsweise Grüße (Kauschke 2000), sowie für Substanzen (*water*) und für zeitlich definierte Einheiten (*day*; Bloom/Kelemen 1995). Dass in der Tat im frühen Wortschatz des Kindes Objektwörter eine besondere Rolle spielen (vgl. unten, 3.2.3), kann man nach Tomasello (2003) mit der herausragenden Rolle von Gegenständen in der sozialen Interaktion mit Bezugspersonen erklären, auch dazu braucht man also keine auf Objekte zugeschnittenen, vorgängig verfügbaren «Beschränkungen» anzunehmen.

Damit ist auch schon eine Alternative angedeutet: Die Quine'sche Situation ist – und Quine hat sie bewusst so konstruiert – «unrealistisch» in dem Sinne, dass in ihr von jeder Form geteilter kultureller Information, geteilter Kommunikationsabsicht und anderer Hintergrundinformation zur Erschließung der Intention des Eingeborenen abstrahiert wird (Tomasello 2003). Kinder lernen ihre Sprache aber nicht in einem solchen Vakuum, sondern, wie Tomasello sagt, mitten in bedeutungsvollen sozialen Interaktionen, in denen sie eine gemeinsame Basis mit den erwachsenen Gesprächspartnern teilen, und diese Basis dient dazu, die Hypothesen über die Bedeutung eines Wortes zu begrenzen, auch ohne sprachspezifische «Einschränkungen» wie die Ganzheitsannahme. Grundlegend für den Bedeutungserwerb ist nach dieser Auffassung die Fähigkeit des Kindes, sich ein Bild von inneren Zuständen anderer Personen zu machen, d.h., es muss zumindest ansatzweise über eine, wie man in der Psychologie sagt, «Theorie des Geistes» verfügen. Nun kann man keinesfalls davon ausgehen, dass Kinder um den ersten Geburtstag herum eine derart komplexe Fähigkeit schon voll entwickelt haben (Sodian 2008). Doch scheint es frühe Formen eines Verständnisses absichtsvollen Handelns zu geben: So bevorzugen schon sechs Monate alte Kinder Szenen, in denen menschliche Agenten ein Objekt manipulieren, gegenüber solchen, in denen dieselbe Handlung von einem mechanischen Greifarm ausgeführt wird (Pauen 2007). Tomasello meint zeigen zu können, dass das Kind mit etwa 1;0 die Fähigkeit entwickelt, andere Personen als absichtsvoll Handelnde zu verstehen, deren Aufmerksamkeit, Gefühle und Verhalten gegenüber Objekten der Umwelt zu verfolgen und zu teilen. Dem Bedeutungserwerb liegt demnach eine Form «triadischer Aufmerksamkeit» zugrunde, Tomasello (2003) spricht von «joint attentional frame»: Beteiligt sind ein Erwachsener, ein Kind und, z.B., ein Plüschhund. Sagt der Erwachsene nun *ein wauwau*, so ist diese intentionale Handlung an das Kind, nicht den Hund, gerichtet, und das Kind versteht, dass der Erwachsene mit seiner Lautäußerung darauf abzielt, es zu einer eigenen absichtsvollen Handlung zu veranlassen, nämlich die Aufmerksamkeit auf den Hund zu richten. Aber nicht nur das: Das «imitative Lernen» eines solchen Kommunikationsaktes, die erfolgreiche Übernahme des Gebrauchs eines sprachlichen Ausdrucks, verlangt nach Tomasello, dass das Kind einen Rollenwechsel vollziehen kann: «Wenn ICH ANDERE auf den Hund aufmerksam machen will, dann muss ICH IHNEN gegenüber die Lautfolge ‹Wauwau› gebrauchen.» Bedeutungserwerb geht in dieser Sicht mit der Entwicklung der sozial-kognitiven Fähigkeiten um den ersten Geburtstag herum einher, andere Mechanismen – z.B. die o.g. «Beschränkungen» – müssen nach Tomasello nicht angenommen werden. Für die wichtige Rolle der Absichtszuschreibung spricht nach Bloom (1997), dass Kinder mit achtzehn Monaten Wörter für neue Gegenstände nur übernehmen, wenn eine andere Person sie absichtsvoll äußert, nicht aber zum Beispiel, wenn die Stimme vom Band kommt. Es ist deshalb nicht erstaunlich, dass kleine Kinder, die viel fernsehen, nicht zwangsläufig auch einen vielfältigen Bedeutungserwerb zeigen. Tatsächlich kommt es darauf an, wie die Sendungen gemacht sind. «Adäquate» Kinderprogramme können die Wortschatzentwicklung durchaus fördern, vor allem im Bereich der Nomina (Böhme-Dürr 1990). Auch dass viele autistische Kinder sich mit dem Wortschatzerwerb schwertun, kann man mit ihrer defizienten «Theorie des Geistes» in Verbindung bringen (Parish-Morris et al. 2007).

Die Hypothese, das Erkennen der Bezeichnungsabsicht sei eine notwendige Bedingung für den Erwerb der Bedeutung auch von einfachen Objektwörtern wie *wauwau*, ist beim gegenwärtigen Stand der Forschung plausibel. Für abstraktere oder komplexere Bedeutungen aber ist m. E. derzeit gar keine Alternative in Sicht: Für komplexe Objekte, Handlungen und Ereignisse wird die Einheit des Bezeichneten nämlich erst durch die einheitliche Bezeichnungsintention konstituiert. Verben wie *geben, machen, spielen* usw. bezeichnen Handlungen, die dann beginnen, wenn ein Ereignis zweckhaft eingeleitet wird, und die damit enden, dass die Absicht erfüllt ist. Für die Ableitung der Bedeutung von Nomina wie *Spiel* oder *Party* gilt das in ähnlicher Weise, denn was z. B. ein Spiel ausmacht, wann es beginnt und wo es endet, ist auf subtile intentionale und soziale Faktoren gegründet und nicht «gegenständlich» erfahrbar (Bloom 1997). Auch die schwierige Frage, wie Kinder die Bedeutung von Oberbegriffen (*Spielzeug, Möbel* usw.) erwerben, kann man vor dem Hintergrund «intentionalistischer» Vorstellungen angehen: Die subsumierten Gegenstände können sich ja in der Form erheblich unterscheiden, was insbesondere für Kategorien von Artefakten wie die soeben genannten gilt, aber auch für «natürliche» Kategorien wie *Lebewesen*. Es erscheint, anders als im oben erwähnten Fall des Erwerbs der Bedeutung von *Ei*, schwierig, sich in diesen Fällen an einem «Prototypen» zu orientieren: Was ist das prototypische Spielzeug? Eine Puppe? Legosteine? Deshalb ist für Erwachsene die Einheitlichkeit der Funktion ein Anhaltspunkt für die Kategorienzugehörigkeit, während Kinder sich eher auf die Unterstellung einer Bezeichnungsintention verlassen.

Es ist nicht gänzlich unumstritten, ob die Fähigkeit des Einjährigen zu triadischer Interaktion als Beleg für sein Verständnis von Personen als absichtsvoll Handelnden gewertet werden muss, auch ist möglicherweise sein Verständnis kommunikativer Gesten begrenzt (Sodian 2002). Doch scheint mir die «intentionalistische» Erklärung des Bedeutungserwerbs derzeit die leistungsfähigste zu sein, vor allem wenn man bedenkt, dass sie ergänzende Annahmen nicht ausschließt. Ich habe schon auf die Beherrschung vielfältiger, auch abstrakter Begriffe durch den Säugling und das Kleinkind hingewiesen, die auch Tomasello (2003) als «Intentionalist» in Rechnung stellt. Mit diesen kann das Kind unterschiedliche ontologische Kategorien, wie Individuen, Eigenschaften, Ereignisse und räumliche Beziehungen erfassen, ist also gerade nicht auf sensorische und perzeptuelle Kategorien beschränkt (Bloom/Kelemen 1995). Schon sechs Monate alte Säuglinge scheinen z. B. über ein abstraktes Verständnis von Zahlen zu verfügen, Zweijährige beherrschen offenbar u. a. zeitliche Einheiten, moralische Begriffe wie «gut» oder soziale Begriffe wie «Familie». Damit ist die begriffliche Basis für den Erwerb der entsprechenden Bedeutungen gelegt.

Schließlich ist ein Trick identifiziert worden, mit dem das Kind insbesondere Verbbedeutungen differenzieren kann: Es nutzt grammatische Eigenschaften zur Bedeutungsspezifizierung, man spricht deshalb auch von einer «Steigbügelhalter-Funktion» der Grammatik. So bezeichnen manche Verben ein Ereignis aus verschiedenen Perspektiven, ohne dass das Kind aus der Situation heraus entscheiden kann, welche Perspektive gemeint ist (z. B. bei *jagen* und *fliehen*). In solchen Fällen können Kinder die syntaktischen Konstruktionen nutzen, in denen die Verben vorkommen. Wenn ein Verb in der Regel zwischen zwei Nomina steht, wie *jagen* im Satz *Der Hund*$_{Subjekt}$ *jagt das Reh*$_{Objekt}$, liegt die Vermutung nahe, dass ein kausatives Verb vorliegt, welches eine Handlung ausdrückt, die etwas bewirkt. Tritt hingegen nur unmittelbar vor dem Verb ein Nomen auf, wie bei *fliehen* in Sätzen des Typs *Das Reh*$_{Subjekt}$ *flieht*, liegt die Vermutung nahe, dass es sich um ein nicht-kausatives Verb handelt (Hirsh-Pasek/Golinkoff 1996). Die Nutzung der Steigbügelhalter-Funktion der Grammatik setzt voraus, dass das Kind über Kategorien wie Nomen und Verb verfügt, was für Nomen mit etwa zwei Jahren, für Verben aber vermutlich erst mit etwa drei Jahren der Fall ist (vgl. unten, Kap. 4).

3.2 Der Verlauf des Wortschatzerwerbs

3.2.1 Das Auftreten der ersten Wörter und der ‹Vokabelspurt›.

Eine durchgängige Erkenntnis besagt, dass der Verlauf des Wortschatzerwerbs außerordentlichen individuellen Schwankungen unterliegt. Die ersten Wörter treten mit der enormen individuellen Bandbreite von 0;10 bis 1;9 auf. Kinder, die früh die ersten

Wörter äußern (‹frühe Wortlerner›), behalten ihren Vorsprung bei sprachlichen Leistungen auch im 2. und 3. Lebensjahr, Kinder die spät beginnen (‹späte Wortlerner›), erreichen die 50-Wörter-Schwelle und das Stadium der ersten Wortkombinationen, das im Durchschnitt mit etwa eineinhalb Jahren einsetzt, vier bis sechs Monate nach den frühen Wortlernern. Allerdings gilt das nur in der Gruppe, einzelne Kinder können einen Rückstand durchaus aufholen. Angesichts der großen individuellen Bandbreite des Beginns des Worterwerbs besteht für Eltern, deren Kinder mit einem Jahr noch kein Wort äußern, kein Anlass zur Besorgnis. Anders, wenn ein Kind mit etwa 2;0 noch nicht die 50-Wörter-Schwelle erreicht hat. Dann besteht, so Grimm (1999), die Gefahr, dass sich eine Sprachentwicklungsstörung ausbildet, und ein therapeutisches Eingreifen ist unbedingt notwendig.

Der ersten Wortäußerung geht das **Verstehen** von Wörtern um mehrere Monate voraus. In einer Längsschnittstudie an 40 Kindern im Alter von 0;9 bis 1;9 fand man die ersten Wörter mit durchschnittlich etwa 1;0, das Verstehen von 50 Wörtern war mit durchschnittlich 1;1 erreicht, die Produktion von 50 Wörtern erst mit knapp 1;6 (Kauschke 2000). Nach einer Studie von Elizabeth Bates et al. (1994) an 1803 Englisch sprechenden Kindern wurden mit 1;4 durchschnittlich 44 Wörter aktiv beherrscht. Die individuellen Unterschiede waren enorm groß: Die Zahlen lagen zwischen einigen wenigen und 120 Wörtern!

Ich habe oben, Kap. 3.1.3, bereits den Begriff ‹Vokabelspurt› eingeführt. Damit ist gemeint, dass viele Kinder mit etwa 1;6 und/oder wenn sie ca. 50 Wörter beherrschen, eine rasante Beschleunigung der Wortschatzerweiterung zeigen. Höchstwahrscheinlich weisen alle Kinder eine diskontinuierliche Entwicklung des Wortschatzes auf, allerdings kann der Vokabelspurt auch deutlich später als mit 1;6 einsetzen. Außerdem scheint die Verlaufskurve bei ‹expressiven Kindern› flacher zu sein als bei ‹referenziellen› Kindern» (vgl. für diese Unterscheidung oben, Kap. 2.4). D. h.: Kinder, die (eher) nach der ganzheitlichen Strategie vorgehen, zeigen um den fraglichen Zeitraum herum einen weniger steilen Zuwachs des Wortschatzes als Kinder, die (eher) nach der analytischen Strategie vorgehen.

Bei Zweijährigen zählt man durchschnittlich aktiv zwischen 200 und 300 Wörtern – wiederum mit großer individueller Bandbreite. Mit zweieinhalb Jahren beherrschen Kinder im Durchschnitt dann mehr als 500 Wörter; zwischen 1;0 und 2;6 verzehnfacht sich also der Wortschatz. Die weitere Entwicklung ist nicht gut dokumentiert. Butzkamm/Butzkamm (2008) geben für Sechsjährige einen aktiven Wortschatz von über 5000 Wörtern an. Einsprachigen Wörterbüchern kann man entnehmen, dass die deutsche Standardsprache (also ohne Dialekte) rund 100 000 Wörter hat. Wie viele davon ein durchschnittlich gebildeter Erwachsener beherrscht, ist aber nicht verlässlich zu berechnen (Dittmann 2002). Deshalb lässt sich auch die weitere quantitative Wortschatzentwicklung nicht sinnvoll beschreiben.

3.2.2 Die Qualität der frühen Wortäußerungen. Nach Vihman et al. (1985), die neun Englisch sprechende Kinder untersuchten, übertrifft die Zahl der Wort- bzw. Protowortäußerungen die der Babbel-Äußerungen etwa ab einem Alter von 1;2–1;4. Schaut man sich die ersten Wörter von Annalena mit 0;11 an (Elsen 1991), dann sieht man, dass hier neben Lauten, die als Phoneme des Deutschen in Frage kommen (wie der Konsonant /b/ und der Vokal /a/ in [baba], *Vater*), auch noch Laute auftreten, die im Deutschen keinen Phonemstatus haben, z. B. im Wort [aðða], *Essen*, der stimmhafte *th*-Laut [ð], wie in engl. *the*. Wir hatten schon gesehen (vgl. oben, Kap. 2.2.3), dass im Bedarfsfall auch nicht-sprachliche Laute herhalten müssen. Für Annalena ist der Fortschritt von Protowörtern bzw. ammensprachlichen Wörtern zu ‹erwachsenennahen› Formen, den Zielwörtern, gut dokumentiert. So ersetzt sie [wawa] mit 1;2,26 durch [ʔʊnt], *unt*. Das lautmalerische Protowort [bm] für *Auto* äußert sie ab Anfang 1;2 im Wechsel mit [atɔ], etwa *atto* mit offenem /o/, ab 1;2,14 verwendet sie [aːto], etwa *aato* mit geschlossenem /o/. Das Protowort [dada] für *Tag!* wird mit 1;2,14 durch [taːkʰ] ersetzt, was dem Zielwort entspricht. Manchmal sind längere Annäherungen und Umwege nötig, so bei *Hase*: Das Schnüffeln weicht mit 1;2,3 den Parallelformen [aːzə] (etwa *ahse*) und [ada] (*adda*), nach einer Pause von vier Wochen folgen mit 1;2,30 dann [haːdzə] (etwa *hahdse*) und [haza] (*hasa*). Auch der Übergang vom Protowort [ba] (ba) für *Buch* und *Papier* (eine Übergeneralisierung) zu [bədiːə] für Papier mit 1;2,30 führt erkennbar nicht direkt zum Zielwort. Selbstverständlich kämpft nicht nur Annalena mit den Wörtern. Noch im Alter von 1;7 Jahren sind beispielsweise Simons Wortäußerungen vielfach nur mit Mühe als Wörter des Deutschen zu erkennen (Penner 2000). So artikuliert er z. B. *Blume* als [buːmɪ], etwa: *buhmi*, *Schwanz* als [ʔa.nɪ], etwa: *ani*, und *Nilpferd* als [niːn], etwa: *nien*. Typische «Fehler» von Kindern auf der Ebene von Phonemgruppen bzw. Silben sind die Auslassung unbetonter Silben (*Banane* > *nane*), Vereinfachungen von Konsonantengruppen (*Fliege* > *fiede*), Silbenverdopplungen (*Mund* > *mama*) bzw. Silbenwiederholungen (*Baby* > *baba*), vorwärts und rückwärts gerichtete Angleichungen (*pot* > *pop*; *top* > *pop*), Akzentverschiebungen in Richtung des im Deutschen vorherrschenden ‹Trochäus› (*Elefánt* > *élefant*) und Silbenvertauschungen, die aus einem ‹Jambus› einen ‹Trochäus› machen (*Kamél* > *mélka*).

3.2.3 Die Reihenfolge des Erwerbs. In der «Hitliste» der ersten Wörter finden sich erwartungsgemäß die Nomina *Mama* und *Papa*, auch *Ball* und *Baby* (Grimm/Wilde 1998 – Kinder mit 1;0; Szagun 2002 – Kinder mit 1;4). Szagun fand auch die Verben *anzieh'n*, *haben*, *geht*; das Adjektiv *heile* und die Funktionswörter (grammatische Partikeln) *da*, *ja*, *nee/nein*, *auf*, *hier*, *das*, *ab*, *die*, *weg* und *an*. Mit 1;8 Jahren kommen hinzu bei den Nomina *Puppe*, *Teddy*, *Hase*, *Schuh*, *Bagger*, *Katze*, *Mond* u. a.; bei den Verben *nehmen*, *malen*, *spielen*, *fahren*, *machen* u. a., bei den Adjektiven *lecker* und *blau* und bei den Funktionswörtern *so*, *rein*, *zu*, *auch*, *mehr*, *hallo*, *ein*, *den* u. a.

Unter den frühen Wörtern der Kinder findet man Bezeichnungen von Menschen in ihrem Umfeld, von Tieren (Spielzeugtiere oder Abbildungen, ggf. Haustiere), von (anderem) Spielzeug, Kleidungsstücken, Nahrungsmitteln, Körperteilen, Gegenständen im Haushalt und Fahrzeugen. Man findet aber ebenso ‹personal-soziale Wörter›, nämlich für Begrüßungen (*winkewinke* oder das artikulatorisch einfache alemannische *ada* von *adieu*) und ‹Routinen›, z. B. *heia* (für *schlafen/schlafen gehen/Augen schließen* usw.). Die Verben des frühen Wortschatzes bezeichnen Handlungen aus dem unmittelbaren Erfahrungsbereich des Kindes, die mit Bewegung verbunden sind, wie *anzieh'n*, *nehmen*, *spielen* und *fahren* oder *geht*, wobei zunächst die Bezeichnung eigener Bewegungen überwiegt. Auch *haben* gehört in die Kategorie der Aktionsverben, da es als Aufforderung geäußert wird ([*ich will das*] *haben*). Verben, die das Verständnis kausaler Zusammenhänge voraussetzen, wie *geben* oder *öffnen*, sind semantisch komplexer und werden später erworben. Kinder können sich aber auch mit Partikeln wie *ab*, *auf*, *weg* auf Handlungen oder Ereignisse beziehen, z. B. *ab* im Sinne von «ich möchte vom Arm herunter» oder *weg* im Sinne von «alle sind weg». Man spricht hier von ‹relationalen Wörtern›. Schließlich kommen bereits Wörter vor, die Eigenschaften bezeichnen, wie *lecker*, *gut*, *viel*, *heiß* und einzelne Farbwörter.

Früh schon verfügen Kinder über Wörter, die psychische Prozesse bezeichnen und in Zusammenhang mit der Entwicklung der «Theorie des Geistes» zu sehen sind (vgl. oben, Kap. 3.1.3). Kauschke (2000) fand, dass Kinder mit 1;1 ihre «gefühlsmäßige Beteiligung» durch expressive Interjektionen wie *oh*, *ei* usw. ausdrücken. Mit 1;9 enthält der Wortschatz weitere bewertende Wörter (wie *prima*, *gut/besser*, *weh*), aber auch Verben für den Willensausdruck und die Bezeichnung von mentalen Zuständen (*wollen*, *wissen*) sowie *Angst* als Bezeichnung für ein Gefühl. Mit 3;0 ist das Vokabular für den Ausdruck von innerpsychischen Prozessen dann bereits höchst differenziert: Es enthält u. a. Nomina für Gefühle und mentale Prozesse (*Idee*), Verben, die sich auf emotionale Vorgänge beziehen (*mögen*, *brauchen*, *dürfen*, *weinen*, *streiten*, *helfen*), sowie Verben für vielfältige mentale Prozesse (*wissen*, *vergessen*, *glauben*).

Wenn ich oben die ersten Wörter nach grammatischen Kategorien (Nomen, Verb usw.) sortiert habe, darf das nicht missverstanden werden: Bei etwa Einjährigen haben die Wörter mit Sicherheit noch nicht die grammatische Funktion, die ihnen in der Erwachsenensprache zukommt. Andererseits ist es erstaunlich, dass Zweijährige die Kategorie Nomen bereits zu beherrschen scheinen (vgl. unten, Kap. 4), allerdings noch nicht die Kategorie Verb. Der Einfachheit halber werden im Allgemeinen gleichwohl die frühen Wörter nach den Wortarten der Erwachsenensprache kategorisiert. Unter den ersten 50 Wörtern überwiegen bei den meisten Kindern die Nomina. Dies wurde bei Kindern mit unterschiedlicher Muttersprache gefunden, man spricht von ‹Nomen-Vorliebe› (‹noun-bias›) des Kindes. Szagun (2002) errechnete bei 15 von 17 deutschen Kindern einen Anteil von 64,6% Nomina, 23,4% Funktionswörtern, 7,1% Verben und 4,6% Adjektiven. Zwei Kinder zeigten aber ein anderes Bild: Bei ihnen waren unter den ersten 50 Wörtern die Funktionswörter mit 63% am stärksten vertreten, gefolgt von Nomina mit 29,5%, Adjektiven mit 5% und Verben mit 3%. Dieser Kontrast korrespondiert Katherine Nelsons Unterscheidung zwischen ‹referenziellen› und ‹expressiven› Kindern (vgl. oben, Kap. 2.4). Funktionswörter haben in der frühen Kindersprache die Aufgabe, Beziehungen zwischen Personen, Handlungen und Gegenständen auszudrücken (‹relationale Wörter›). So bezeichnen z. B. *da* und *weg* das Auftauchen und Verschwinden von Personen oder Gegenständen, *ran*, *auf* und ähnliche Wörter drücken Funktionen von bzw. mit Gegenständen aus, usw. Von den expressiven Kindern verstärkt gebrauchte Wörter wie *hallo*, *nein*, *heia*, *guck* und *aua* stehen als ‹personal-soziale Wörter› für komplexe Vorgänge (z. B. Begrüßungen oder Handlungsroutinen, wie das Ins-Bett-gebracht-Werden), die ebenfalls Beziehungen involvieren. Die beiden Erwerbsstile führen zu verblüffenden individuellen Unterschieden: Kauschke (2000) beschreibt die Verteilung bei drei Kindern, von denen eines (Hanna) im zweiten Lebensjahr noch über gar keine Nomina verfügt, während bei einem anderen (Vanessa) die Nomina mit einem Anteil von ca. 45% deutlich überwiegen.

Neben den individuellen bzw. mit den beiden Stilen verknüpften Unterschieden in der Wortartverteilung gibt es auch Einflüsse, die durch die Struktur der jeweiligen Muttersprache bedingt sind. Ein Beispiel: Im Koreanischen steht das Verb immer am Satzende, also in einer herausgehobenen festen Position, und die Auslassung von Nomina ist erlaubt, wenn sich aus dem Kontext ergibt, worauf sich die Sprecherin bezieht. Es konnte gezeigt werden, dass koreanische Kinder Verben mit überwiegend korrekter Flexion früher als englische Kinder produzieren, nämlich mit 1;3. Doch unterschieden sich die Koreanisch und die Englisch sprechenden Kinder auch in ihrem Abschneiden bei Aufgaben, die kognitive Leistungen testen: Englische Kinder haben früher ein differenziertes Benennvokabular und sind besser bei Aufgaben der Objektkategorisierung, koreanische Kinder verwenden früher ein differenziertes Verbsystem und erlernen früher Mittel-Zweck-Beziehungen, die für Handlungen relevant sind. Offensichtlich ist also die Wortschatzentwicklung des Kindes einerseits durch seine Interessen und durch seine Motivation bestimmt – beides selbstverständlich durch die Interaktion mit der Umwelt gesteuert. Andererseits formt aber der spezifische sprachliche Input die Wortschatzentwicklung, und diese wiederum nimmt Einfluss auf die kognitive Entwicklung des Kindes. «Es scheint also», resümieren die Verfasserinnen, «ein tiefgreifendes wechselseitiges Zusammenwirken von Kognition und Sprache in diesem Entwicklungsabschnitt zu geben» (Gopnik/Choi 1995).

3.2.4 Die spätere Wortschatzentwicklung. Die frühen Phasen der Wortschatzentwicklung beim Kind sind sicher die spannendsten, doch ist klar, dass die Wortschatzentwicklung des Menschen ein Leben lang anhält. Insbesondere darf man nicht übersehen, dass auch beim älteren Kind noch ‹Bedeutungswandel› stattfindet, allerdings ist er subtiler als beim jüngeren Kind und ohne genauere Analyse oft gar nicht nachweisbar (Menyuk 2000). Betroffen sind, versteht sich, vor allem Abstrakta. Untersucht wurde u.a. der Erwerb von *Leben*, *Mitleid*, *Mut*, *Geld* und *Bank*. Gisela Szagun, die sich mit *Mitleid* und *Mut* befasst hat, geht davon aus, dass die Assoziation zwischen Wortform und Begriff schnell erlernt wird und stabil bleibt, dass sich aber der Begriff selbst (als Bedeutung der Wortform) im Laufe der Entwicklung stark verändert. Diese Veränderung ist nach Szagun als sukzessive, alters- und erfahrungsabhängige Begriffsstruktur empirisch fassbar. Den ‹Bedeutungswandel› von *Mut* z. B. erhoben Szagun/Schäuble

(1997) mittels eines Fragebogens und eines Interviews. Es zeigte sich, dass Sechsjährige die Erfahrung von Mut als Gefühl der Stärke oder den Gedanken an die Gefahr beschreiben, aber nicht mit Bezug auf Angst oder deren Überwindung. Mit zunehmendem Alter werden dann mehr Gefühle und psychische Zustände benannt, das Abwägen der Gefahr und das Gefühl der Stärke sind weiterhin dabei, aber die Faktoren Angst und Überwindung der Angst werden zunehmend häufiger angeführt. Ab dem 9. Lebensjahr wird Mut als zeitliche Folge von psychischen Zuständen erfahren, Erwachsene berichten übereinstimmend ein anfängliches Angstgefühl, gefolgt von dessen Überwindung, was sie als konflikthaft erleben. Für die Sechs- und Neunjährigen impliziert *Mut*, in eine physisch gefährliche Situation geraten zu sein, für Erwachsene hingegen, sich einer möglichen Verletzung auszusetzen. Die Beschreibungen des psychischen Zustands von Mut durch die Sechsjährigen korrespondiert dem beobachtbaren Verhalten, im Laufe der Entwicklung verschiebt sich dies in Richtung auf ein Verständnis von *Mut* als vielschichtiger emotionaler Erfahrung. Man sieht, dass derartige Untersuchungen zum Bedeutungserwerb zugleich Erkenntnisse über die Entwicklung der «Theorie des Geistes» beim Kind liefern (vgl. oben, Kap. 3.1.3).

4. Ein-, Zwei- und Mehrwortäußerungen

Wir haben bisher die Äußerungen des Kindes unter dem Aspekt des Wortschatzerwerbs betrachtet. Die Frage ist dann z. B.:

Welche Bedeutung hat das Protowort *wawa* in der frühen Kindersprache? Wenn ein Kind *wawa* äußert, macht es aber eine Aussage, d. h., das Wort steht sozusagen für einen Satz. Man spricht deshalb von ‹Einwortäußerungen›. Der Charakter der Einwortäußerungen – etwa zwischen 1;0 und 1;8 – bringt es mit sich, dass die Aussage von der Bezugsperson rekonstruiert werden muss. D. h., die Bezugsperson interpretiert die Äußerung unter Zuhilfenahme der Prosodie und der Situation. So kann die

Äußerung *dall* (*Ball*) je nach Situation und Prosodie etwa folgende kommunikative Funktionen haben: einen bestimmten Ball haben wollen; auf einen bisher nicht wahrgenommenen Ball in einer fremden Umgebung aufmerksam machen wollen; auf eine bestimmte Lage des eigenen Balles hinweisen wollen; fordern, dass der Erwachsene etwas mit dem Ball tut (Reimann 1996). Wir unterstellen dem Kind in der ersten Hälfte des zweiten Lebensjahrs bereits differenzierte Kommunikationsabsichten, wie etwa: Äußerung nur zur Kontaktherstellung (ohne Bezug auf einen Gegenstand), Bezug auf einen Gegenstand oder eine Person im Wahrnehmungsfeld, Bezug auf eine Veränderung im Wahrnehmungsfeld, Bezug auf etwas, was im Wahrnehmungsfeld nicht präsent ist, Aufforderungen an Bezugspersonen. Dass das Kind solche unterschiedlichen Intentionen tatsächlich verfolgt, also unterschiedliche ‹Sprechakte› vollzieht, kann man daran erkennen, dass es auf die Reaktionen der Bezugsperson wiederum mit Einverständnis oder mit Ablehnung reagiert. Kinder verfügen also bereits mit einem Jahr über kommunikatives Wissen, das sie zu kompetenten «Gesprächspartnern» macht und es ihnen gestattet, Bezugspersonen in ihre Handlungsabsichten einzubeziehen. Dazu ist es notwendig, dass sie nicht nur die eigene Intention verfolgen, sondern Handlungen der Erwachsenen vorhersehen können.

Zwischen etwa 1;6 und 2;3 geht das Kind zu Zweiwortäußerungen über, und ab 2;0 treten auch erste Dreiwortäußerungen auf, was selbstverständlich nicht bedeutet, dass nun keine Einwortäußerungen mehr vorkämen. Die Ausdrucksmöglichkeiten des Kindes vervielfachen sich, zugleich nimmt der Interpretationsspielraum der Bezugspersonen ab: Sprachliche Kommunikation wird effizienter. Man unterscheidet eine Reihe von «semantischen Relationen» (Szagun 2008), die mittels Zweiwortäußerungen realisiert werden, so z. B. die Relationen «Handlungsträger und Handlung» (*baby weint*), «Handlung und Objekt» (*musik haben*), «Besitzer und Besitz» (*dani tasse*), «Objekt/Person und Eigenschaft» (*hexe krank*) oder «Handlung und Lokalisierung» (*rein machen*). Die Palette der Bedeutungen umfasst außerdem den Ausdruck des Vorhandenseins eines Objekts/einer Person (*da auto*), des Nichtvorhandenseins (*weg auto*) und des Wiedervorhandenseins (*mehr milch*). Sprachvergleichende Untersuchungen haben gezeigt, dass diese Bedeutungskategorien universell sind. Es kommen auch schon Flexionsformen vor. Adjektivendungen werden zunächst überwiegend fehlerhaft konstruiert (Hilde mit ca. 1;11: *große schiffche* = *großes Papierschiff*; Stern/Stern 1928), mit zweieinhalb Jahren auch korrekt (Hilde: *schönes buch*; *guter papa*). Verben werden meist im Infinitiv verwendet (*nase putze* = *putzen*), es findet sich aber auch die 3. Person Singular (Hilde mit 1;10: *Mama! läft* = *Mama, Hilde schläft*), bei den Hilfsverben die 1. Person Singular (*will nich*, *kann nich* usw.). Beim Partizip Perfekt wird meist das *ge-* weggelassen (*runterfallen* für *runtergefallen*) oder durch *e-* ersetzt (*gut eslafen?*).

Eine wichtige Beobachtung betrifft die Wortstellung in den Zwei- und Dreiwortäußerungen: Sie weist nämlich gewisse Regularitäten auf, die vermuten lassen, dass Kinder in diesem Alter bereits eine «Sensitivität gegenüber den formalen Strukturprinzipien der Sprache» besitzen (Weinert/Grimm 2008). Sie sagen z. B. *net hiemache*, *da ein Schönes*, *mehr Saft*, nicht aber *hiemache net, *da Schönes ein, *Saft mehr. Ein Funktionswort wie *net* (*nicht*), *mehr* oder der unbestimmte Artikel *ein* steht also vor dem Inhaltswort, was mit der Regel für die Erwachsenensprache übereinstimmt. Solange das Verb unflektiert gebraucht wird, steht es am Äußerungsende, wie in *net hiemache*, *mehr habe*, *des Bode nalege*. Dieser Gebrauch korrespondiert der Syntax des Satzes mit einem infiniten Verbbestandteil in der Erwachsenensprache: *Ich will <u>mitgehen</u>*, *Er ist ins Kino <u>gegangen</u>*. Das Kind scheint also – und das ist eine wichtige Beobachtung, auf die ich zurückkommen werde – in dieser Phase neben semantischen Beziehungen bereits elementare formal-syntaktische Regeln zu befolgen.

Anhand einer Äußerung wie *nimmi kaffee gingen* (Moritz, 2;0,5; aus Buchholz 1999) kann man sich vergegenwärtigen, was eine solche Dreiwortäußerung von einem Satz des Deutschen unterscheidet: Die grammatikalisch korrekte Variante könnte etwa sein: *Ich will keinen Kaffee trinken*. Es fehlt also das Personalpronomen der 1. Person und das Modalverb in der finiten Form. Tatsächlich sind es in erster Linie Funktionswörter

(Artikel, Konjunktionen, Präpositionen usw.), Hilfsverben und Flexionsformen, die in den Zwei- und Dreiwortäußerungen fehlen, d.h. die eigentlich grammatischen Elemente im Satz; die Äußerung ist im Wesentlichen auf die Inhaltswörter reduziert. Stern/Stern (1928) nennen diese Sprechweise deshalb «Telegraphenstil». Durch ihre Bauart bedürfen die Äußerungen zum Verständnis der ergänzenden Intonation, der Mimik und Gebärden bzw. des situativen Kontextes. Beispielsweise könnte Moritz auch gemeint haben, eine andere Person solle keinen Kaffee trinken. Bezugspersonen überprüfen deshalb ihr korrektes Verständnis der Äußerung des Kindes häufig durch die korrigierende Wiederholung und die Reaktion des Kindes darauf. Auch Reihungen von Zwei- und Dreiwortäußerungen zu kleinen «Texten» sind möglich. So sagte Hilde mit ca. 2;0: *papa brrbrr, fasche put*, in der Bedeutung: *Als Papa beim Pferd stand, ging die Flasche kaputt*. Kindliche Zwei- und Dreiwortäußerungen haben somit nicht den Status von Sätzen der Erwachsenensprache, sondern können als eine Art Vorform, als «Eingangsstufe zur grammatisch geordneten Vollsprache» (Butzkamm/Butzkamm 2008) betrachtet werden, für die Derek Bickerton (1995) die Bezeichnung ‹Protosprache› geprägt hat. Damit meint er Äußerungen, mittels derer in erster Linie semantische Beziehungen transportiert werden, denen jedoch keine grammatischen Kategorien (wie z.B. die Phrasenkategorien NP und VP) zugrunde liegen. Diesen Status schreibt Bickerton auch dem Pidgin und den Mehrwortäußerungen der sprachtrainierten Affen zu. Entgegen der Behauptung mancher PrimatenforscherInnen sind nämlich die Großen Affen nicht in der Lage, eine Grammatik, wie sie die natürlichen Sprachen haben, zu erwerben (Wallman 1992).

Allerdings muss man die Parallele zwischen der ‹Protosprache› der Affen und dem kindlichen Spracherwerb relativieren, ja sie ist vermutlich sogar falsch. Es liegen nämlich empirische Beweise dafür vor, dass Kinder in diesem Alter bereits über grammatische Kategorien verfügen: Kinder bilden bereits zwischen 1;8 und 2;2 spontan u.a. korrekte Pluralformen, verwenden Artikel beim Nomen korrekt und können auch Pronomina (*der Mann – er*; vs. *die Frau – sie*) angemessen verwenden. Um sicherzustellen, dass die Kinder dies nicht nur durch reine Imitation tun, sondern solche Formen tatsächlich regelhaft bilden können, testeten Tomasello/Olguin (1993) das morphologische Wissen anhand von Kunstwörtern für Stofftiere. Sie schließen aus ihren Experimenten, dass die Kinder in der Lage waren, neu gelernte Wörter der grammatischen Kategorie ‹Nomen› zuzuordnen.

Für die grammatische Kategorie ‹Verb› scheint das allerdings nicht zu gelten, denn in einem parallel aufgebauten Experiment mit Kunstwörtern, die in Verbkontexten präsentiert wurden, fanden Olguin/Tomasello (1993) bei Kindern mit 2;1 keine Hinweise auf eine produktive Verwendung. Kinder scheinen zunächst von den Konstruktionsmöglichkeiten auszugehen, die das einzelne Verb bietet, und nicht von abstrakten Satzschemata, wie z. B. der Markierung von Handelndem und Adressat der Handlung durch die Reihenfolge der Wörter im Satz.

Die ganze Reichhaltigkeit der grammatischen Kenntnisse des Kindes in diesem Alter zeigt sich aber in seinen Leistungen beim Sprachverstehen, die seine produktiven Fähigkeiten bei weitem übertreffen. Stern/Stern (1928) bringen diese Asymmetrie, auf ihre Tochter Hilde gemünzt, sehr schön zum Ausdruck: «Das Sprachverständnis des zweijährigen Kindes ist so ausgebildet, dass wir Eltern manchen auf H.s Essen, Spielen etc. bezüglichen Gesprächsinhalt, den das Kind nicht verstehen soll, sehr vorsichtig umschreiben müssen.»

Was weiß man über die passive grammatische Kompetenz des Kindes im zweiten Lebensjahr? Weissenborn (2000) hat einiges zusammengestellt: Deutsche Kinder können bereits ab 0;7–0;9 unbetonte Funktionswörter (Artikel, Pronomina, Präpositionen) in einem Text wahrnehmen, und mit 0;10 analysieren sie Artikelformen als selbstständige sprachliche Einheiten. Mit 1;5 bereits verstehen Kinder Nomina ohne Artikel als Eigennamen und Nomina mit Artikel als Gattungsnamen. Im Alter von 2;0 verstehen Kinder, die noch in der Einwortphase sind, Sätze mit grammatikalisch korrekt verwendeten Funktionswörtern besser als Sätze mit fehlenden oder falsch verwendeten Funktionswörtern. So wählen sie häufiger das passende Bild aus vier Vorlagen, wenn ein korrekter Satz wie *Find the bird for me* (*Finde den Vogel für mich*) vorgegeben wird, als wenn der Artikel fehlt (*Find bird for me) oder ein falsches grammatisches Element eingesetzt wird (z. B. **Find was bird for me*). Englisch sprechende Kinder ziehen mit 1;6 eine korrekte Äußerung vom Typ *John is digging* (*John gräbt*, mit Verlaufsform) der falschen Äußerung *John can digging vor, wissen also bereits, dass die Verlaufsform *-ing* die Konstruktion mit dem Hilfsverb *to be* verlangt. Deutsche Kinder im Alter von 2;0–3;0, die die Konjunktion *dass* noch nicht verwenden, sind in der Lage, zu erkennen, ob ein mit *dass* eingeleiteter Nebensatz grammatikalisch korrekt ist, wie *Bert sagt, dass Lisa Oma hilft*, oder nicht, wie **Bert sagt, dass Lisa hilft Oma*. Hirsh-Pasek/Golinkoff (1996) konnten zeigen, dass Kinder zwischen 1;4 und 1;7, also in der späten Einwortphase bzw. am Beginn der Zweiwortphase, bereits in der Lage sind, die Wortfolge in ‹reversiblen Aktivsätzen› zu verstehen. Das sind Aktivsätze, bei denen nicht schon aufgrund des Weltwissens klar ist, wer wem etwas tut. So ist z. B. *Peter liebt Maria* reversibel, *Die Mutter trinkt die Milch* irreversibel. Die untersuchten Kinder konnten zwischen Sätzen wie *Big Bird is tickling Cookie Monster* und *Cookie Monster is tickling Big Bird* unterscheiden, wobei die Leistungen der Mädchen über denen der Jungen lagen. Mit durchschnittlich 2;0 können englische Kinder auch zwischen transitivem und intransitivem Gebrauch von Verben unterscheiden: Nach der Aufforderung *Look at Cookie Monster turning Big Bird* (*Schau auf CM, der BB herumdreht*; *to turn* transitiv verwendet) schauten sie vorzugsweise auf eine Abbildung, die darstellte, wie Cookie Monster Big Bird im Kreis dreht, bei der Aufforderung *Look at Cookie Monster and Big Bird turning* (*Schau auf CM und BB, die sich drehen*; *to turn* intransitiv verwendet) schauten sie vorzugsweise auf eine Abbildung, die darstellte, wie Cookie Monster und Big Bird sich im Kreis drehen.

Die Folgerungen aus diesen Befunden sind von weit reichender Bedeutung: In der Phase der Zwei- und Dreiwortäußerungen produzieren die Kinder zwar noch keine (oder nur vereinzelte) ‹Sätze› im Sinne der Erwachsenensprache, doch verfügen sie über ein beträchtliches grammatisches Wissen, das sich in ihren

Sprachverstehensleistungen äußert. Das Kind ist also in dieser Phase nicht wirklich ‹agrammatisch›, sondern hält nur in der Produktion mit seinem Wissen hinterm Berg. Dies legt die Frage nahe, weshalb das Kind dies tut, also den ‹Telegraphenstil› verwendet, und weshalb es dies relativ lange tut – noch im Alter von 2;8 liegt, nach Weissenborn, der Anteil von Infinitivsätzen des Typs *nimmi kaffee gingen* bei beachtlichen 13%. Die gängige Erklärung, Funktionswörter und Flexionsformen seien lautlich weniger auffällig und würden deshalb vom Kind zunächst nicht wahrgenommen, erscheint unplausibel, da das Kind bereits mit durchschnittlich 0;11 solche Elemente passiv beherrscht. Weissenborn vermutet, dass für den Telegrammstil ein «Prinzip der minimalen Struktur» verantwortlich sein könnte: Das Kind wählt eine Äußerungsstruktur, die den geringsten Aufwand an grammatischen Prozessen erfordert. Damit verringert sich die kognitive Komplexität der Sprachproduktionsaufgabe so lange, bis die entsprechenden grammatischen Prozesse stärker automatisiert sind.

Theorien, die den Grammatikerwerb des Kindes erklären wollen, müssen berücksichtigen, dass das Kind bereits in der Ein- und Zweiwortphase über grammatisches Wissen verfügt. Offen ist die entscheidende Frage, wie Kinder es fertig bringen, Wörtern grammatische Kategorien zuzuordnen. Dazu gibt es unterschiedliche Antworten, aber, wie wir im nächsten Kapitel sehen werden, noch keine definitive Lösung.

5. Theorien des Grammatikerwerbs

5.1 Die Aufgabe

Grammatikerwerb meint erstens den Erwerb der Flexionsformen der Sprache, das sind beispielsweise beim Verb Formen wie (*ich*) *geh-e*, (*du*) *geh-st* usw., beim Nomen Formen wie (*die*) *Frau*, (*die*) *Frau-en* usw.; zweitens den Erwerb der Syntax, das sind die Regeln, die definieren, was ein grammatikalisch korrekter Satz der Sprache ist. Den Bereich der Wortbildung, die ebenfalls zur Grammatik gehört, muss ich hier ausklammern.

Theorien des Grammatikerwerbs müssen Antworten auf die folgenden drei Fragen geben (Hirsh-Pasek/Golinkoff 1996):
- Was bringt das Kind für die Aufgabe des Grammatikerwerbs bereits mit?
- Welche Mechanismen wirken im Verlauf des Erwerbs?
- Welche Rolle spielt der Input für den Grammatikerwerb?

Um Ordnung in die vielen Versuche zu bringen, den Grammatikerwerb durch das Kind zu erklären, hat sich die Unterscheidung zwischen «nativistischen» und «kognitiv-funktionalistischen», kurz «funktionalistischen» Theorien bewährt (Tomasello 2006), die jeweils unterschiedliche Typen des Lernens postulieren: Für Nativisten geschieht der Grammatikerwerb durch Lernen, das auf spezifisch sprachlicher, angeborener Information beruht, für Funktionalisten durch induktives, «datengetriebenes Lernen», das auf Generalisierungen aufgrund von Erfahrung beruht. Nativistische Ansätze werden auch als «Von-innen-nach-außen»-, funktionalistische als «Von-außen-nach-innen»-Theorien bezeichnet (Hirsh-Pasek/Golinkoff 1996). Diese einprägsame Metaphorik spielt darauf an, dass Erstere den Anlagen, die das Kind aufgrund seiner genetischen Ausstattung für die Lösung dieser Aufgabe mitbringt, eine entscheidende Rolle beimessen, Letztere hingegen dem Input, dem das Kind ausgesetzt ist. Wir haben es hier also mit zwei deutlich unterschiedenen Antworten auf die dritte der soeben genannten Fragen zu tun und wollen uns deshalb zunächst mit dem «späten Input» befassen.

5.2 Der späte Input

Wir haben in Kap. 2.3 gesehen, dass die beiden frühen Formen der «an das Kind gerichteten Sprache (KGS)», nämlich die Ammensprache im ersten und die stützende Sprache im zweiten Lebensjahr, Strukturmerkmale aufweisen, die dem Kind die Spracherkennung und den Erwerb prosodischen und phonologischen Wissens bzw. den Wortschatzaufbau erleichtern. Es fragt sich, ob es auch im dritten Lebensjahr einen Input gibt, der geeignet erscheint, die nun auf das Kind zukommende Aufgabe des Grammatikerwerbs zu fördern.

Einen solchen Input stellt, nach verbreiteter Auffassung, die sog. lehrende Sprache dar, auch ‹Mutterisch› genannt. Bezugspersonen unseres Kulturkreises wenden ab dem 24.–27. Lebensmonat des Kindes einen Sprachstil mit bestimmten Struktureigenschaften an. Diese Eigenschaften werden im Kontrast zu einem weniger förderlichen Stil folgendermaßen bestimmt: (1) längere Äußerungen, (2) höhere durchschnittliche Anzahl von Nominalphrasen pro Äußerung, (3) Ja-/Nein- und W-Fragen – Letztere sind Fragen, die mit einem Fragewort beginnen, z. B. *Wo willst du hingehen?* –, (4) teilweise Wiederholung der eigenen oder der kindlichen Äußerung, mit oder ohne Modifikation, (5) Expansionen (Erweiterungen der kindlichen Äußerung). Man vermutet, dass die durch die Merkmale (1) und (2) begründete größere Komplexität der mütterlichen Äußerungen dem Kind ein strukturell reichhaltigeres Angebot vorgibt, welches dieses dann für einen schnelleren Fortschritt des Grammatikerwerbs nutzt. Der Nutzen von Ja-/Nein-Fragen (3) liegt auf der Hand (Grimm/Weinert 1993): Bei Fragen wie *Hast du das gesehen?* oder *Willst du die Puppe aufheben?* stehen die flektierten Hilfsverben am Satzanfang, also in herausgehobener Position, und erfahren deshalb besondere Beachtung. Kommen sie im Input häufig vor, entwickelt das Kind das System der Hilfsverben schneller. W-Fragen wie *Wo willst du hingehen?* wiederum dürften durch den Kontrast zur Aussagesatzwortstellung (*Da geht er hin*) dem Grammatikerwerb förderlich sein. Teilweise Wiederholungen der eigenen oder der kindlichen Äußerung (4) lenken, bei gleich bleibendem Inhalt, die Aufmerksamkeit des Kindes auf die grammatische Form des Satzes. Das Gleiche bewirken Wiederholungen mit Modifikationen (Grimm 1999). Kind: *Da ist der Teufel wieder.* Mutter: *Wo ist der Teufel wieder?* Dass diese Form der modifizierenden Wiederaufnahme eine für den Mutter-Kind-Dialog spezifische Form ist, erkennt man daran, dass Mütter oft auch auf Entscheidungsfragen, die als Antwort nur *ja* oder *nein* erfordern, mit einer Wiederholung des Satzes reagieren: Kind: *Brauch mer des?* Mutter: *Des brauch mer.* Von besonderer Bedeutung für den Grammatikerwerb sind die sog. Expansionen (5). Die typische Abfolge sei anhand eines Transkriptausschnitts illustriert (MO = Moritz im Alter von 2;0,20), M = Mutter; aus Buchholz 1999):

> MO wird gefüttert; M soll Salat auf ihren eigenen Teller legen.
> 01 MO   >mamas noch↑ <della machen↓ della <u>machen</u>↓
> 02 M   <u>sollä</u> ma da ä weng uf dä te″lla machä↓
>
> (Es bedeuten: ↓ fallende Intonation; ↑ steigende Intonation; < lauteres Sprechen; > leiseres Sprechen; ″Akzent auf Vokal oder Diphthong; ___ gleichzeitiges Sprechen)

Die Mutter nimmt die grammatikalisch unvollkommene Äußerung *teller machen* auf, behält den Inhalt bei, verleiht ihm aber eine vollständige grammatische Form (*Sollen wir da noch etwas auf den Teller machen*). Das Kind kann seine eigene Äußerung formal mit diesem «Modell» vergleichen und aus den Veränderungen lernen. Wichtig ist, dass auf diese Weise «zwischen dem Schon-Gewussten und dem Noch-nicht-Gewussten keine zu große Diskrepanz» besteht (Grimm 1999): Die Mütter erweisen sich als sensitiv für das Leistungsniveau der Kinder. Sie verwenden Strukturen, die am oberen Ende der Leistungsfähigkeit der Kinder bzw. gerade einen Schritt darüber liegen. Da lehrende Sprache mit Hinwendung der Bezugsperson zum Kind verbunden ist, fördert sie den Grammatikerwerb möglicherweise auch indirekt, indem sie die Motivation des Kindes stärkt, sprachlich zu kommunizieren (Gathercole/Hoff 2007).

Es kann als erwiesen gelten, dass die lehrende Sprache dem Grammatikerwerb des Kindes förderlich ist. Ist sie für den Grammatikerwerb aber auch **notwendig**? Diese Frage muss man in zwei Richtungen verfolgen. Erstens: Wenn sie notwendig ist, müssen alle Kinder ihr ausgesetzt sein. Diese Frage ist nicht geklärt. Es gibt Anzeichen dafür, dass sich Mütter der unteren Schichten im Vergleich zu Mittelschichtmüttern weniger unmittelbar auf kindliche Äußerungen beziehen, also möglicherweise die lehrende Sprache weniger anwenden, doch fehlen dazu größere vergleichende Untersuchungen (Szagun 2008). Wir hatten gesehen, dass Ammensprache und stützende Sprache nicht universal sind (vgl. oben, Kap. 2.3). Häufig müssen die oben erwähnten Kaluli (Schieffelin 1990) für das Argument herhalten, auch die lehrende Sprache sei nicht universal. Tatsächlich wenden die Kaluli aber bei ihren Kindern eine explizite Sprachlehrstrategie an, sobald diese zwei kritische Wörter äußern können, nämlich *bo* (für *Brust*) und *nɔ* (*no* mit offenem o, für *Mutter*): Mütter geben dann als Reaktion auf eine kindliche Äußerung einen korrekten Satz vor, gefolgt von dem Wort *elema*, einem Imperativ mit der Bedeutung «sag es so». D. h., sie korrigieren die sprachliche Form der kindlichen Äußerung, anders als in unserem Kulturkreis, konsequent und explizit. Es mag verwunderlich erscheinen, dass ein Steinzeitvolk mehr Wert auf die formale Korrektheit der kindlichen Äußerungen legt als die Kulturvölker europäischer Prägung.

Die zweite Fragerichtung ist: Wie steht es um Quantität und Qualität der lehrenden Sprache? Man weiß zum einen, dass nur der geringere Teil mütterlicher Äußerungen, zwischen 20 und 40 %, diesem Typ zuzurechnen ist, im Vordergrund steht der sozial-kommunikative Austausch (Grimm 1999). Zum anderen sind Bezugspersonen unzuverlässige «Sprachlehrer», da sie sich inkonsequent verhalten (vgl. Tracy 1990). So können z. B. korrigierende Reaktionen auf ungrammatische Äußerungen schlicht ausbleiben. Wollte das Kind daraus den Schluss ziehen, seine Äußerungen wären korrekt gewesen, würde es zwangsläufig Falsches erwerben. Dialoge (alle aus Tracy 1990) vom Typ:

Kind (2;0,24):	wo valles papa is/
Erwachsener:	Der is draußen.

sind ebenso alltäglich wie die Wiederholung von Äußerungen mit falschen morphologischen Formen durch die Mutter, z. B.:

Der späte Input 63

Kind (2;2,14):	HÖL mi man glas\
Mutter:	Ich höl dir kein Glas, höl du dir mal selber ein Glas.

Woher soll das Kind merken, dass die Mutter es hier offenbar neckt? Auch syntaktisch falsche Wiederholungen lassen sich beobachten:

Kind (3;6,27) spielt mit der Figur einer Großmutter:	
	Oh, schaumal, jetzt hab ich mein Kopf AUatsch gemacht\
Erwachsener:	Die Omi hat den Kopf Aua gemacht?

Inkonsistente Korrekturen müssen das Kind besonders verwirren, denn es «lernt» ja zunächst, dass es etwas falsch gemacht hat, dann hört es die falsche Form von der Bezugsperson:

Kind (2;0,10) über Fensterfarben, die der Regen abgewaschen hat:	
	Die ham sich die Farben abgemacht\
Mutter:	Hm?
Kind:	die ham die MAlen abgemacht\
Mutter:	die ham das Gem ... was da gemalt war, weggewaschen, ja.
Etwas später:	
Kind:	da isch MAle drauf\
Mutter:	Hm? Da isch Male drauf? Des isch gut.

Das Kind – wenn es nicht ein Kaluli ist – kann also keineswegs einfach erschließen, was die Bezugspersonen ihm mit korrigierenden oder modifizierenden Äußerungen in der KGS «sagen wollen». Daraus folgt u. a.: Kinder müssen, mit einer Formulierung von Tracy, «resistent genug sein, linguistische Merkmale auch dann nicht zu übernehmen, wenn sie ihnen in ihrem sprachlichen Angebot zur Verfügung stehen». Deshalb der provokante Titel von Tracys Artikel: Spracherwerb trotz Input! Offenbar ist

Spracherwerb ein «äußerst robustes Phänomen», wie Grimm (1999) formuliert: «Im Gegensatz zu anderen Lernbereichen bedarf es weder einer großen Menge noch einer besonders guten Qualität der angebotenen Sprache, damit diese wenigstens in ihren Grundzügen erworben werden kann.»

Auf den ersten Blick stärken diese Beobachtungen die nativistische Position; oder besser gesagt: Es waren u. a. diese Beobachtungen, die Anlass zur Formulierung nativistischer Erwerbstheorien gaben. Denn wenn man annimmt, dass das Kind ohnehin die wesentlichen Voraussetzungen für den Grammatikerwerb als Teil seiner genetischen Ausstattung mitbringt, hat man keine Probleme damit, dass der Input defizient ist – dessen Rolle ist nach Auffassung dieser ForscherInnen ohnehin sehr eingeschränkt. Anders für VertreterInnen funktionalistischer Theorien. Diese haben hier offenbar ein Problem: Sie müssen entweder zeigen, wie Kinder auch ohne entsprechende genetische Ausstattung den defizienten sprachlichen Input so nutzen können, dass sie die Grammatik ihrer Muttersprache gleichwohl erwerben. Dazu muss dann eine entsprechende Antwort auf Frage zwei – Welche Mechanismen wirken im Verlauf des Erwerbs? – gegeben werden. Oder sie müssen versuchen, dieses Problem aus der Welt zu schaffen, indem sie zeigen, dass der Input mehr hergibt, als die Nativisten wahrhaben wollen.

Doch gehen wir der Reihe nach vor: Im folgenden Kapitel werde ich die nativistische Position darstellen und jeweils ausführen, inwieweit die von den NativistInnen vorgetragenen Argumente heute noch Bestand haben oder widerlegt wurden. In Kap. 5.4 wird es dann um funktionalistische Ansätze gehen.

5.3 Nativistische Theorien

Nativistische Theorien des Grammatikerwerbs, wie sie vor allem von Noam Chomsky und Steven Pinker vorgelegt wurden, gehen davon aus, dass es angeborenes sprach-, d. h. **grammatikspezifisches** Wissen gibt, ohne das die Grammatik einer natürlichen Sprache nicht erworben werden kann. Oder mit Pinker (1998) etwas «biologischer» formuliert: Das Gehirn enthält detaillierte Pläne für grammatische Regeln. Chomsky (1976) nennt diese Repräsentationen «Universalgrammatik (UG)». Konsequenterweise muss es dann auch identifizierbare Gene geben, die den Aufbau dieser Repräsentationen steuern – ein Thema, das ich hier ausklammern muss. Die UG charakterisiert den Ausgangszustand der Sprachfähigkeit des Menschen noch vor jeder Erfahrung, sprich: vor jedem sprachlichen Input. Und sie tut dies losgelöst von allen anderen kognitiven Fähigkeiten bzw. unabhängig von deren Entwicklung. Die Begründung für diese zunächst vielleicht überraschende Annahme der «Modularität» der Grammatikentwicklung wird uns unten noch beschäftigen.

Damit ist die erste der von Hirsh-Pasek/Golinkoff gestellten Fragen beantwortet: Das Kind bringt für den Grammatikerwerb die Universalgrammatik mit; die Fähigkeit zum Grammatikerwerb ist genetisch angelegt. Chomsky (1988) erläutert dies mit folgendem Vergleich: Eine Sprache lernen sei nicht etwas, was das Kind mache, sondern etwas, was mit ihm in einer angemessenen Umgebung geschehe, genauso wie sein Körper auf vorbestimmte Weise wachse und reife, wenn er mit angemessener Nahrung und Stimulation durch die Umgebung versorgt werde. Dabei sei die Beschaffenheit der Umgebung für den Spracherwerb (sprich: Grammatikerwerb) keineswegs irrelevant, denn sie müsse die Daten für die Entscheidung liefern, welche Einzelsprache das Kind zu erwerben habe. Ohne Input kann das Kind sich in der Tat nicht für eine bestimmte Sprache entscheiden. Aber nicht diese Entscheidung allein hängt vom Input ab: Die Universalgrammatik ist nach Chomskys (1976) ursprünglicher Definition ein System von Prinzipien, Bedingungen und Regeln, die Eigenschaften aller natürlichen Sprachen darstellen, und dies mit logischer Notwendigkeit – denn sie definieren, was eine natürliche Sprache ist. Folglich ist sie für alle Menschen identisch, und sie spezifiziert, was der Erwerbsprozess leisten muss. Das Kind aber erwirbt eine Einzelsprache: Wie kann es die Verbindung zwischen der UG und den einzelsprachlichen grammatischen Regeln herstellen (man spricht von «linking-problem»)? Konkret: Wie können Kinder beispielsweise das Wissen darum erwerben, dass im Deutschen in einer Konstruktion namens Nominalphrase das attributive Adjektiv regelhaft vor dem Nomen steht (*das schnelle Schiff*), im Französischen aber dahinter (*le bateau vite*)? Dies leisten nach Chomskys (1981) Prinzipien-und-Parameter-Theorie die einzelsprachlichen Parameter. Im vorliegenden Beispiel: Das Kind hat im Rahmen eines entsprechenden UG-Prinzips die Wahl, ob der Kopf einer Konstruktion (im vorliegenden Fall das Nomen *Schiff* bzw. *bateau*) rechts steht, wie im Deutschen, oder links, wie im Französischen. Diese Entscheidung trifft es entsprechend dem jeweiligen Input. Es muss aber die Regel (Kopf links oder Kopf rechts) nicht **lernen**, sondern es muss nur aufgrund des angeborenen Prinzips einmal **wählen** und den Parameter richtig setzen. Hier haben wir auch den ersten Teil der Antwort auf die von Hirsh-Pasek/Golinkoff gestellte Frage Nummer zwei nach den im Erwerbsverlauf wirkenden Mechanismen: Es ist das Setzen von Parametern. Zugleich bestimmt die UG die Erwerbsreihenfolge, indem sie unterschiedliche Reifungsschemata für unterschiedliche Bereiche der Grammatik festlegt (beispielsweise für die Reihenfolge Personenmarkierung – Tempusmarkierung beim Verb).

Was die UG im Einzelnen enthält, ist theorieabhängig. Für Chomsky (1981) gehörte zunächst eine beträchtliche Anzahl von Regeln dazu, die er in der damaligen Version seiner Syntaxtheorie definiert hatte, der «Government-and-Binding»-Theorie. Für grammatische Laien sind diese Regeln kaum nachvollziehbar – was natürlich weder gegen die Regeln noch gegen die Laien spricht. Pinker (1998) reduzierte die UG auf vier grundlegende Merkmale, wozu die grammatischen Morpheme gehören (die in Sätzen Informationen wie Tempus, Kasus oder Negation tragen), und auch die Wortartkategorien, wie Nomen und Verb. Nach Pinker (1987) reicht es aber nicht, dass das Kind mit den Wortartkategorien geboren wird; es müsse vielmehr auch Realisierungen dieser Kategorien im Input erkennen können. Den Mechanismus, der dies gewährleisten soll, nennt er «semantic bootstrapping» – meist mit «Steigbügelhalter-Funktion der Semantik» übersetzt. Dies ist ein zweiter, im Erwerbsverlauf wirkender Mechanismus: Das Kind verfügt über Begriffe wie

«Ding», «Handelnder» und «in der Vergangenheit wahr». Diesen Begriffen entsprechen universale syntaktische Kategorien wie «Nomen», «Subjekt», «Präteritum» usw. Vorkommen dieser Kategorien im Input erkennt das Kind, weil es die entsprechenden Begriffe identifiziert. D. h., die Wortartkategorie eines Wortes im Input wird diesem entsprechend seiner Bedeutung zugeordnet, nach dem Muster «Name für eine Person oder ein Ding = Nomen» usw. Wortartkategorien müssen mithin nicht aus dem Input abgeleitet werden, weil sie dem Kind schon mit der UG zur Verfügung gestellt werden, sie müssen nur noch auf dem Wege des «semantic bootstrapping» aktiviert werden. Damit entfällt ein Problem, vor dem Erklärungen der Entstehung von Wortartkategorien durch induktives Lernen stehen: Es macht für Pinkers Theorie nämlich nichts, dass z. B. nicht alle Subjekte (im grammatischen Sinne) Handelnde sind. Es genügt für die Aktivierung der grammatischen Kategorie «Subjekt» völlig, dass die Relation «Handelnder = Subjekt» im Input vorkommt und auf diese Weise die Subjekt-Kategorie aktiviert wird. So kommt der Prozess der Grammatikentwicklung in Gang, wobei das Kind aufgrund des Inputs zwischen den einzelsprachlichen Parametern, die die UG bietet, auswählt.

Was spricht für eine derart starke Hypothese, wie die Annahme einer UG sie darstellt? Ein erstes Argument beruht auf der Beobachtung, dass alle Kinder (von pathologischen Beschränkungen und Fällen sozialer Isolierung abgesehen) eine menschliche Sprache lernen, kein Tier hingegen über ein entsprechendes Kommunikationssystem verfügt. D. h., die Anlage zur Sprache ist im Hinblick auf die menschliche Spezies sowohl universal als auch spezifisch. Daraus allein auf eine genetische Disposition für Sprache zu schließen, wäre allerdings unzulässig. Zunächst: nicht alles, was universal ist, ist auch angeboren. Spezies-Universalität ist vielmehr auch mit der Auffassung vereinbar, dass alle Menschen vor ähnlichen Kommunikationsaufgaben stehen und ähnliche kognitive und physische Ressourcen haben, diese zu lösen – eine Beobachtung, für die wir oben (vgl. Kap. 1.2) bereits Humboldt anführen konnten. Ich komme auf dieses wichtige Thema zurück (vgl. unten, Kap. 5.4). Elisabeth

Bates verdeutlicht dies mit einer Analogie: Alle Menschen essen mit den Händen, aber das heißt nicht, dass es ein «Mit-den-Händen-Essen-Gen» gibt. Es muss also ein zusätzliches Argument geben, das die genetische Disposition erhellt.

Dieses liefert nach Pinker (1998) folgende Beobachtung: Wenn Kinder mit einer grammatisch unvollständig ausgebauten Verkehrssprache vom Typ eines Pidgins konfrontiert werden und diese zu ihrer Muttersprache machen, entwickeln sie eine neue Sprache mit komplexer Grammatik, eine Kreolsprache. Derartige, von Derek Bickerton (für die Ausbildung des hawaiischen Kreol durch Arbeiter aus Asien, Portugal und Mittelamerika Ende des 19. Jahrhunderts) beschriebene Prozesse sind für Pinker der Beweis dafür, dass Kinder von Generation zu Generation die komplexe Sprache neu erfinden, und zwar eben nicht, weil man sie ihnen beibringt, sondern weil sie aufgrund ihrer genetischen Ausstattung gar nicht anders können. Allerdings ist Bickertons Studie nicht unkritisiert geblieben. Die Erwerbssituation der Kinder auf Hawaii ist nicht gut dokumentiert, fest steht aber: Alle erwachsenen Bezugspersonen beherrschten neben dem Pidgin eine voll ausgebaute Sprache (z. B. Chinesisch oder Portugiesisch), und es konnte gezeigt werden, dass die Kinder dem entsprechenden Input stärker ausgesetzt waren, als Bickerton postuliert. Es ist mithin nicht sicher, dass die Kinder tatsächlich einen defizienten Input – mit Hilfe der angeborenen UG – vervollständigen mussten (Tomasello 1995). Ein zweiter Beleg für diese Vervollständigungs-Hypothese ist nach Pinker (1998) die spontane Kreation von Gebärdensprachen durch gehörlose Kinder, die man keine konventionelle Gebärdensprache gelehrt hatte. Allerdings sind begründete Zweifel an der grammatischen Komplexität dieser Gebärdensprachen geäußert worden, so dass sie als Argument für die UG-Hypothese nicht taugen (Tomasello 1995).

Wie verhält es sich mit der empirisch gut gestützten Hypothese, dass nur die menschliche Spezies über ein Kommunikationsmittel von der Art der menschlichen Sprache verfügt? Hier gilt, wie im Fall der Spezies-Universalität: Artspezifisches Verhalten muss keineswegs angeboren, sondern kann auch erlernt worden sein. So ist, mit Tomasello (1995), auch das Kochen von Nahrung für die menschliche Spezies spezifisch, doch ist dies vermutlich nicht auf die Existenz eines Koch-Gens zurückzuführen. Und die einfache Tatsache, dass etwa Affen kein Kommunikationssystem wie die menschliche Sprache entwickelt haben, sagt noch nichts über die Art dieses in der Tat fundamentalen Unterschiedes zwischen den Spezies aus: Viele Faktoren kommen für diesen Unterschied in Frage, ein Argument für die Existenz der UG lässt sich daraus nicht ableiten.

Kommen wir nun zum zweiten Argument für die Existenz der UG: dem Argument von der Existenz einer «kritischen Periode» des Spracherwerbs. Eric H. Lenneberg (1977) hatte in seinem einflussreichen Werk «Biologische Grundlagen der Sprache» postuliert, der natürliche Erstspracherwerb des Kindes spiele sich – ähnlich dem Gesangserwerb mancher Vögel – in einem definierten Zeitfenster ab, und zwar mit dem Beginn der Pubertät als Obergrenze. Vorher sei die Gehirnreifung noch nicht weit genug fortgeschritten, danach scheine das Gehirn die Fähigkeit zur Ausbildung der für die Beherrschung der Muttersprache relevanten Strukturen zu verlieren. Man könne, wie die Erfahrung ja lehrt, zwar auch als Erwachsener noch fremde Sprachen lernen, aber dann müssten sie «mit bewusster und angestrengter Mühe gelehrt und gelernt werden, und fremde Akzente können nicht mehr leicht überwunden werden».

Pinker (1998) überträgt diese Reifungshypothese auf die Existenz einer UG und präzisiert, der «normale» Erwerb der Muttersprache sei bis zu sechs Jahren sichergestellt, werde bis kurz nach der Pubertät immer schwieriger und sei nach diesem Zeitpunkt kaum noch möglich. Ein tragischer Beweis der Existenz einer Obergrenze für den Beginn des Grammatikerwerbs sind «wilde Kinder», das sind Kinder, die ohne Sozialkontakte aufgewachsen sind. Weder die sog. Wolfskinder (benannt nach Romulus und Remus) – ein indischer Fall wird von Singh (1964) beschrieben – noch von ihren Bezugspersonen aus unterschiedlichen Gründen sozial isolierte Kinder, wie das Mädchen Susan W., genannt Genie, haben die Grammatik ihrer Muttersprache vollständig erwerben können. Genie wurde von ihrem psychotischen Vater etwa zwölf Jahre lang vollständig isoliert und ohne jede sprachliche Zuwendung gefangen gehalten. Die Mutter beendete das Martyrium im November 1970, als ihre Tochter dreizehneinhalb Jahre alt war. Genie wurde danach intensiv betreut, und ihre Sprachentwicklung wurde von Susan Curtiss (1977) akribisch protokolliert. Während sich ihre Intelligenz und ihr Wortschatz ständig weiterentwickelten, blieben ihre Grammatikkenntnisse auf dem Stand einer Protosprache (vgl. oben, Kap. 4): Noch nach fast sieben Jahren Sprachunterricht äußerte sie Sätze wie: *Genie cry ride/Genie weinen reisen* (= *I cried when I was on the ride/Ich weinte, als ich auf der Fahrt war*).

Wenn das Kind innerhalb eines gewissen Zeitraums die Grammatik seiner Muttersprache nicht erworben hat, kann es keine Grammatik irgendeiner Sprache erwerben, auch nicht durch Unterricht. Insofern ist die Rede von der «kritischen Periode» berechtigt, was auch Nicht-Nativisten wie Elman et al. (1997) so sehen. Allerdings muss man differenzieren: Zunächst ist, statt von **einer** kritischen Periode, von einem Bündel «sensibler Phasen» auszugehen, denn unterschiedliche Aspekte der Grammatikkenntnis werden zu unterschiedlichen Zeiten zugänglich bzw. unzugänglich. Wichtige Veränderungen in der Erwerbsfähigkeit finden bereits früher statt als mit zehn bis zwölf Jahren, so mit sechs bis sieben Jahren (wie auch Pinker postuliert), aber auch im Altersbereich zwischen drei und vier Jahren (Meisel 2007). Sensible Phasen betreffen nun keineswegs nur die Grammatikentwicklung im engeren Sinne, sondern auch z. B. die phonologische Entwicklung. Hier schließt sich das Zeitfenster deutlich früher als etwa für syntaktisches Wissen: Wir hatten gesehen, dass Kinder bereits im Alter von 0;10–1;0 die Fähigkeit zur Unterscheidung von für ihre Muttersprache irrelevanten phonemischen Kontrasten anderer Sprachen verloren haben.

Welche Schlussfolgerungen lassen sich hieraus für die UG-Diskussion ziehen? Der Suggestion der Reifungshypothese, nicht zuletzt durch die Parallele zum Gesangserwerb mancher Vögel, dem man die genetische Basis im Sinne eines Instinkts nicht absprechen wird, sollte man nicht erliegen: Erstens spielt auch bei Singvögeln Lernen durch Imitation eine Rolle (Hauser et al. 2002).

Zweitens existieren, wie wir gesehen haben, sensible Phasen für unterschiedliche Bereiche der sprachlichen Entwicklung des Kindes, so dass wir es hier mit einem nicht auf die Grammatikentwicklung beschränkten Phänomen zu tun haben. Drittens findet man sensible Phasen auch für nicht-sprachliche Entwicklungen des Kindes (Elman et al. 1997). Deshalb ist es argumentativ problematisch, aus deren Existenz auf eine spezifische genetische Disposition für den Grammatikerwerb, also eine UG, zu schließen. Folgendes kommt hinzu: Es gibt auch Lernen, das so abläuft, als hätte es eine «sensible Phase», doch sind entsprechende Veränderungen im Lernverhalten hier nicht die Ursache, sondern die Folge des Lernens (Elman et al. 1997). Dies wurde mittels Simulationsexperimenten gezeigt, einem Typ von Evidenz, auf den ich in Kap. 5.4 zu sprechen komme. Gleichwohl kann m. E. beim gegenwärtigen Stand der Diskussion die Existenz sensibler Phasen als Evidenz für die Fundierung der menschlichen Sprachfähigkeit im Genom betrachtet werden – allein die Existenz einer spezifischen Disposition im Sinne der UG lässt sich hieraus nicht ableiten.

Ein drittes Argument besagt, dass das Kind die Grammatik der Muttersprache schnell und mühelos erwerbe, was nur auf der Basis massiven angeborenen Vorwissens erklärbar sei (Pinker 1998). Ob der Spracherwerb tatsächlich schnell verläuft, kann man allerdings als «Frage des Geschmacks» bezeichnen (Elbers/Wijnen 1992): Kinder benötigen ca. 1500 Tage, um die wesentlichen Züge ihrer Muttersprache zu erwerben. Ist das wenig oder viel? Im Vergleich mit dem Erwerb anderer Fertigkeiten in der fraglichen Zeit, wie dem des aufrechten Gangs, ist das wohl eher viel; bedenkt man die Komplexität der Aufgabe, und nicht zuletzt ihre notwendige Einbettung in sozial-interaktive Kontexte, vielleicht eher wenig. Jedenfalls scheint dieses Argument für die Entscheidung der Frage, ob das Kind eine UG benötigt oder nicht, nicht recht tauglich zu sein. Ob das Kind den Grammatikerwerb «mühelos» vollbringt, scheint ebenfalls eine Frage des Geschmacks zu sein. Chomsky hat immer wieder Parallelen zwischen der Entwicklung von Organen bzw. sensorischen Fähigkeiten und dem Grammatikerwerb gezogen, und der Vergleich etwa mit der Entwicklung des Sehvermögens legt die

Charakterisierung als «mühelos» nahe: Niemand würde wohl ernsthaft behaupten, das Kind verwende auf die Entwicklung des Sehvermögens Mühe. Für andere Bereiche des Spracherwerbs haben wir ja bereits gesehen, dass sie Kindern Mühe bereiten: so für den Erwerb der Artikulationsfähigkeit, und der Erwerb der Wortbedeutungen hat sich als langwieriger Prozess mit vielfältigen Umwegen und Sackgassen erwiesen. Es sind aber auch Indizien dafür vorgelegt worden, dass der Grammatikerwerb ebenfalls nicht mühelos vor sich geht. Elbers/Wijnen (1992) definieren zunächst zwei Arten des Sprachverhaltens von Kindern, die auf Anstrengung hindeuten könnten: (1) «Spracharbeit», das sind unter anderem Sprachspiele und metasprachliche Äußerungen (das Kind thematisiert Sprache), und (2) die «Spitzenperformanz», das sind Äußerungen, in denen Kinder ihre eigene bis dahin gezeigte sprachliche Leistung übertreffen. In beiden Verhaltensweisen sehen die AutorInnen «kognitive Anstrengung»: Das Kind investiert auf die Sprache hin orientierte «Aufmerksamkeitsenergie». Belegt wird dies u. a. am Beispiel des Erwerbs von Funktionswörtern. Da man bislang in der Erforschung des Ablaufs des Grammatikerwerbs eher auf die durchschnittliche «Performanz» des Kindes geachtet hat, ist der Anstrengung wohl in der Tat zu wenig Aufmerksamkeit zuteil geworden.

Wie auch immer diese Diskussion weitergehen mag: Zweifellos können auch genetisch angelegte Fertigkeiten Mühe bereiten, man denke nur wieder an den Erwerb des aufrechten Gangs, so dass sich aus der Antwort auf die Frage «mühsam oder nicht mühsam?» kein entscheidendes Argument für oder gegen die Annahme einer UG ableiten lässt.

Ein viertes Argument für die Annahme einer UG ist ein ganzer Argumentkomplex: Es geht um die Beobachtung von Dissoziationen zwischen sprachlichen Fähigkeiten auf der einen und anderen kognitiven Fähigkeiten auf der anderen Seite, wobei unter «Dissoziation» ein relevanter Leistungsunterschied zu verstehen ist. Betrachtet man das sich normal entwickelnde Kind, so sind in dem Alter, in dem es wesentliche Aspekte der Sprachfähigkeit erwirbt, die übrigen kognitiven Fähigkeiten anscheinend nicht gerade beeindruckend. Ein dreijähriges Kind ist nach Pinker (1998) ein «grammatisches Genie», denn es beherrscht bereits die meisten grammatischen Konstruktionen seiner Muttersprache, während wir es noch nicht Auto fahren, wählen oder zur Schule gehen lassen. Diese Beispiele mögen aus unterschiedlichen Gründen nicht sehr überzeugend sein, richtig ist aber, wie Pinker ergänzt, dass Kinder in diesem Alter leicht zu verunsichern sind, wenn wir ihnen auftragen, Perlen nach der Größe zu sortieren, wenn wir es fragen, ob eine Person von einem Ereignis weiß, das sich in ihrer Abwesenheit zugetragen hat (das sog. Problem des falschen Glaubens), oder ob sich die Menge einer Flüssigkeit verändert, wenn wir sie von einem niedrigen breiten in ein hohes schmales Gefäß umschütten (das Invarianzproblem). Die Nativisten konstatieren also beim Kleinkind Dissoziationen zwischen den sprachlichen, vor allem grammatischen, und anderen kognitiven Fähigkeiten. Das heißt aber, Erstere können, wenn sie erheblich weiterentwickelt sind, nicht aus Letzteren abgeleitet werden – ein weiteres Indiz für das Zutreffen der Modularitätsannahme.

Diese Argumentation, lange Zeit von vielen ForscherInnen akzeptiert, erfährt seit einigen Jahren eine starke Relativierung: Wir hatten schon in Kap. 3.1.1 gesehen, dass die Entwicklungspsychologie die kognitiven Fähigkeiten des Säuglings und Kleinkindes unterschätzt hat. Die Untersuchung der kognitiven Fähigkeiten in einzelnen Bereichen, «kognitiven Domänen» wie z.B. der Entwicklung elementaren physikalischen Wissens, hat zu erstaunlichen Resultaten geführt (Pauen 2007). So gibt es unter anderem Evidenz dafür, dass Kinder schon im Alter von 0;6 über ein elementares Verständnis von mechanischer Verursachung verfügen; im selben Alter scheinen sie auch bereits zu verstehen, dass nur Lebewesen zielgerichtet handeln können.

Liegt hier also gar keine Dissoziation zwischen sprachlichen und nicht-sprachlichen kognitiven Fähigkeiten vor? Man sieht sofort ein, dass diese Frage schwer zu beantworten ist, denn man müsste einen Vergleichsmaßstab für unterschiedliche Fähigkeiten haben. Ein Kind, das im Alter von 3;10 folgende Äußerung tut: *Schau, zuerst müssen wir da durchziehen und dann so drehen, weil sonst wird sie [die Lampe] kaputt* (Peltzer-Karpf 1994), vollbringt zweifellos eine höchst komplexe kognitive

Leistung. Ein Kind in diesem Alter kann andererseits noch nicht verstehen, dass eine Person, in deren Abwesenheit eine Tafel Schokolade von Schrank A in einen Schrank B gelegt wurde, diese nach der Rückkehr in den Raum in Schrank A sucht (Sodian 2008). Wie komplex ist die kognitive Leistung, die diese Aufgabe zum «Verständnis falschen Glaubens» erfordert, eine Aufgaben, die Kinder nicht früher als mit vier Jahren richtig lösen? Und nach welchem Maßstab lässt sich diese Leistung mit der Formulierung eines Satzes vergleichen?

Die Nativisten führen aber noch zwei weitere Dissoziationen zwischen sprachlichen und anderen kognitiven Leistungen an (Pinker 1998): Zum einen gibt es Kinder mit einer «spezifischen Sprachentwicklungsstörung» (vgl. unten, Kap. 8). Sie zeichnen sich durch normale Intelligenzleistungen in allen Bereichen aus, nur mit der Beherrschung der Grammatik haben sie Probleme. Die Nativisten leiten daraus ab, dass die Grammatikbeherrschung eine modulare, also von allen anderen kognitiven Bereichen abgegrenzte Domäne des Geistes ist, die sich folglich auch isoliert entwickelt. In der Tat ist für die Diagnose einer spezifischen Sprachentwicklungsstörung die Dissoziation ein entscheidendes Kriterium. Dieser Typ von Evidenz spricht also für die nativistische Position, auch wenn an der speziellen «Beweisführung» Pinkers durchaus ernst zu nehmende Kritik geübt wurde (Tomasello 1995).

Zum anderen gibt es den dazu gewissermaßen spiegelbildlichen Fall von Menschen, die am «Williams-Beuren-Syndrom» leiden, einer genetisch verursachten Entwicklungsstörung (Schaner-Wolles 2000). Sie haben einen niedrigen IQ, versagen bei einfachen Aufgaben des Problemlösens und im Umgang mit Zahlen, verfügen aber über die Fähigkeit, komplexe, grammatikalisch korrekte Sätze zu bilden und zu verstehen sowie fehlerhafte Sätze zu korrigieren. Wiederum ist dieses Leistungsmuster – eine Art «Inselbegabung» für Sprache – nach Meinung der Nativisten ein Indiz dafür, dass sich die grammatische Kompetenz modular entwickelt, unabhängig von anderen kognitiven Bereichen. Hier gibt es allerdings Probleme mit der Evidenz (Tomasello 1995): Neuere Studien an betroffenen Kindern nähren den Verdacht, dass deren Grammatikbeherrschung tatsächlich mit der geistig behinderter Kinder vergleichbar ist. Folglich wäre die postulierte Dissoziation gar nicht vorhanden. Diese Frage ist noch nicht abschließend diskutiert. Doch selbst wenn die Dissoziation nachgewiesen wäre: Inselbegabungen gibt es auch in anderen kognitiven Bereichen, z. B. bei Menschen mit niedrigem IQ und fehlenden grundlegenden Rechenfähigkeiten, die gleichwohl in der Lage sind, für jedes beliebige Datum den Wochentag korrekt anzugeben. Daraus zu schließen, die Wochentagsberechnung wäre unabhängig von anderen kognitiven Fähigkeiten und angeboren, erscheint nicht gerade plausibel (Perfors 2002).

Ein fünftes Argument, das hier besprochen werden soll, ist das sog. Argument von der Armut des Stimulus. Wir kommen damit auf die Frage nach dem Input zurück, denn dieses Argument beruht auf Chomskys Hypothese, das Kind lerne in Bezug auf die Grammatik seiner Muttersprache mehr, als der Input ihm abzuleiten gestatte, was zur Folge habe, dass Grammatik nicht induktiv lernbar sei. Deshalb spricht man auch vom «Lernbarkeitsproblem» oder, mit Chomsky, von «Platons Problem»: In Platons Dialog «Menon» zeigt Sokrates, dass ein ungebildeter Sklave die Gesetze der Geometrie kennt, indem er ihn durch eine Reihe von Fragen zu richtigen Aussagen leitet. Platon löst das Problem der Herkunft dieses Wissens, indem er annimmt, der Sklave erinnere sich daran aus einer früheren Existenz – was schon Leibniz unbefriedigend fand. Chomskys Vorschlag für die Lösung hingegen ist die Annahme angeborenen Wissens, also der Universalgrammatik. Die entscheidende Frage, soll dieses Argument Gültigkeit besitzen, ist also: Gibt es hinreichende Evidenz dafür, dass das Kind die Grammatik seiner Muttersprache nicht aus dem Input lernen kann? Bedenkt man, dass die anderen Argumente für die Existenz einer UG sich als nicht eben stark erwiesen haben, so wird deutlich, dass der Antwort auf diese Frage – auch nach Chomskys eigener Einschätzung – eine Schlüsselrolle in der Fundierung der nativistischen Position zukommt.

Bei genauer Betrachtung des Arguments von der Armut des Stimulus wird zweierlei deutlich: Erstens geht es den Nativisten nicht (nur) darum, dass der Input defizient ist, also insbesondere auch ungrammatische Strukturen enthält. Seine Schärfe zieht das Argument vielmehr aus der Behauptung, Kinder müssten auf der Grundlage induktiven Lernens bestimmte Fehler machen, die ihnen aber tatsächlich nicht unterlaufen. Da ihnen andererseits keine Korrekturen zur Verfügung stünden, anhand derer sie die entsprechenden Konstruktionen als falsch erkennen könnten – keine «negative Evidenz» –, würden sie diese auf der Grundlage angeborenen Grammatikwissens vermeiden (Chomsky 1986). Kinder können demnach Grammatik prinzipiell nicht (vollständig) induktiv lernen und könnten es auch bei fehlerfreiem Input nicht! Zweitens, und dieser Punkt ist, wie wir sehen werden, äußerst heikel: Die Konstruktionen, die Kinder – obwohl dies auf der Grundlage von Induktion nahe läge – nicht falsch, sondern auf der Grundlage der UG richtig erwerben, dürfen im Input nicht vorkommen, denn sonst könnten sie sie ja induktiv gelernt haben. Paradebeispiel ist der Erwerb bestimmter Fragesatzkonstruktionen (Chomsky 1976). Aufs Deutsche übertragen: Dem Aussagesatz *Der Mann ist groß* korrespondiert der Fragesatz *Ist der Mann_ groß?* Das Kind könnte nun eine einfache Regel (R1) entwickeln, der zufolge aus dem Aussagesatz ein Fragesatz gebildet werden kann, indem das erste auftretende Hilfsverb (*ist*) an den Anfang bewegt wird. Diese Regel würde aber, auf den Satz (a) *Der Mann, der auf dem Golfplatz ist, ist groß* angewendet, den ungrammatischen Fragesatz (b) **Ist der Mann, der auf dem Golfplatz_, ist groß?* ergeben. Also muss das Kind erkennen, dass nicht das erste auftretende Hilfsverb, sondern das erste Hilfsverb im Prädikat des Hauptsatzes an den Anfang zu bewegen ist (R2): (c) *Ist der Mann, der auf dem Golfplatz ist,_ groß?* Es muss also, so Chomsky, die entsprechenden grammatischen Kategorien verarbeiten können und die deutlich komplexere Regel R2 erwerben. Chomsky (1980) und Pinker (1998) stellen die Hypothese auf, Sätze vom Typ (c) kämen, mit Pinker, im «Mutterisch so gut wie nie» vor. Dieses «so gut wie nie» macht streng genommen das Argument unbrauchbar, erstaunlich, dass die Autoren das nicht bemerkt haben: Auch im Input selten präsente Konstruktionen werden vom Kind erworben, wenngleich in der Regel später als häufig präsente (vgl. unten, Kap. 5.4).

Tatsächlich wurde für das Englische zweifelsfrei nachgewiesen, dass im Input, dem Kinder ausgesetzt sind, Konstruktionen, die als Evidenz für R2 in Frage kommen, in beträchtlichem Ausmaß vorhanden sind (Pullum/Scholz 2002). Auch für eine Reihe anderer Konstruktionen, die Chomsky als Evidenz für angeborenes Grammatikwissen anführt, wurde gezeigt, dass ihr Vorkommen im Input plausibel gemacht werden kann. Das ist für die Nativisten ein Problem, denn damit ist dem Argument von der Armut des Stimulus die empirische Grundlage entzogen.

Kritik ist auch an den von Chomsky und Pinker vertretenen Hypothesen hinsichtlich der Mechanismen, die dem Grammatikerwerb zugrunde liegen, geübt worden (zusammenfassend Hirsh-Pasek/Golinkoff 1996). Erstens wird die Prinzipien-und-Parameter-Theorie einem Merkmal der Entwicklung der grammatischen Kompetenz des Kindes nicht gerecht: der Beobachtung, dass Kinder manchmal über einen längeren Zeitraum korrekte und inkorrekte Konstruktionen nebeneinander verwenden. Auch wurde nachgewiesen, dass Kinder nicht unbedingt alle mit einer grammatischen Kategorie verbundenen Funktionen gleichzeitig erwerben. Es kann vorkommen, dass ein Kind ein Nomen bereits syntaktisch produktiv zur Bezeichnung verschiedener semantischer Rollen (z. B. Handelnder, Ziel einer Handlung) benutzt, die Pluralbildung dieses Wortes aber noch nicht beherrscht, oder dass einige Worte einer Wortart bereits gemäß der grammatischen Funktion verwendet werden, andere nicht (Tomasello/Olguin 1993). Wenn ein Parameter einmal gesetzt, die entsprechende einzelsprachliche Konstruktion also erworben ist, dürfte das nicht geschehen. Man kann also sagen, dass zumindest in der Tendenz diese Theorie den Grammatikerwerb als zu «glatten», kontinuierlichen Prozess erscheinen lässt. Der von Tomasello/Olguin beschriebene «mosaikartige» Verlauf des Grammatikerwerbs ist so jedenfalls schwer zu erklären. Zweitens erweckt Chomsky mit der Annahme, der Input sei lediglich eine Art Auslöser für Entwicklungsschritte, den Eindruck einer eher passiven Rolle des Kindes. Dieses Bild ist angesichts der Tatsache, dass Kinder mit der Sprache «experimentieren», Fehler machen, (implizite und explizite) Korrekturen annehmen bzw. sich selbst korrigieren und sich durchaus anstrengen müssen, nicht unkritisiert geblieben. Drittens ist auch die Annahme des «semantic bootstrapping» in Zweifel gezogen worden, zumindest für die Kategorie «Subjekt». Es gibt sog. Ergativ-Sprachen, in denen diese Kategorie andere Eigenschaften aufweist als etwa im Englischen und Deutschen. Für diese Sprachen könnte das Kind nach Tomasello (2005) die Beziehung «Handelnder» – «Subjekt» nicht herstellen. Viertens hat Chomsky im Laufe der Jahre den Gehalt der UG bis zur Unkenntlichkeit ausgedünnt. In radikalem Unterschied zur ursprünglichen Fassung erwägt er sogar, die UG könne nur ein einziges Element enthalten, nämlich Rekursivität, d.h., etwas verkürzt gesagt, die Fähigkeit, Nebensatzkonstruktionen zu bilden (Hauser et al. 2002). Und schließlich räumt er gar die Möglichkeit ein, aufgrund zukünftiger empirischer Arbeiten könne sich die UG als «empty set», also als leer erweisen (Fitch et al. 2005). Damit wäre der nativistischen Theoriebildung die Basis komplett entzogen. Andere Vertreter einer nativistischen Position stellen hingegen längere Listen auf, die wiederum von Chomskys und Pinkers ursprünglichen Annahmen stark abweichen (so u. a. Wunderlich 2004a,b; dazu Tomasello 2004). Dass es in dreißig Jahren Diskussion nicht gelungen ist, eine einigermaßen einheitliche Vorstellung vom Gehalt der UG zu gewinnen, spricht zwar nicht prinzipiell gegen eine solche Theorie, schränkt aber den mit ihr verbundenen Erkenntnisgewinn extrem ein.

Das war viel Kritik, doch soll nicht unterschlagen werden, dass die nativistische Forschungsrichtung zu einer Fülle von aussagekräftigen Untersuchungen des Grammatikerwerbs geführt hat, ja dass es erst die Nativisten waren, die sich dieses Themas überhaupt theoretisch fundiert angenommen haben.

5.4 Funktionalistische Theorien

Da die Funktionalisten, wie gesagt, dem Input die entscheidende Rolle zuweisen, können sie die förderliche Rolle der entsprechend strukturierten «lehrenden Sprache» (etwa der sog. Expansionen) als Punkt für sich verbuchen. In einigen Studien wurde argumentiert, Bezugspersonen reagierten auf ungrammatische Äußerungen der Kinder tendenziell anders als auf grammatisch korrekte: Sie korrigierten zwar in unserem Kulturkreis, anders als die Kaluli, nicht mittels expliziter Kritik, aber sie neigten dazu, grammatikalisch fehlerhafte Äußerungen des Kindes eher zu reformulieren bzw. erweiternd zu wiederholen als grammatikalisch korrekte (Szagun 2008). Marcus (1993) allerdings zeigt, dass ein Kind für diese – sozusagen statistische – Auswertung des Input die entsprechende Konstruktion unrealistisch oft wiederholen müsste, um Schlüsse aus dem Feedback ziehen zu können. Dies ist aber kein Argument gegen die funktionalistische Position: Das Kind nutzt den Input auf effiziente Weise und blockiert eigene Übergeneralisierungen, z. B. *I maked, wenn es im Input einmal eine korrekte Form, hier eine «starke» Past-Tense-Form, hört (made). Auch hatten wir gesehen, dass der Input solche Konstruktionen enthält, von denen die Nativisten annahmen, das Kind hätte zu ihnen keinen Zugang – der Input ist also grammatikalisch betrachtet «reichhaltig».

Schließlich haben die Funktionalisten Evidenz dafür beibringen können, dass Eigenschaften des Input mit Eigenschaften der sich entwickelnden Grammatik korrespondieren. Allerdings behaupten auch die Funktionalisten keineswegs, Grammatikerwerb beruhe auf einem einfachen Prozess von Speicherung und Nachahmung des Input (Gathercole/Hoff 2007). Wenn das so wäre, müssten erstens die im Input häufigsten Formen bzw. Konstruktionen, also insbesondere Funktionswörter, auch die ersten sein, die das Kind erwirbt; das ist nicht der Fall. Zweitens dürften die Kinder keine – oder jedenfalls nicht häufig – Fehler machen, was sie aber tun. Drittens lässt sich zeigen, dass andere Faktoren die Erwerbsreihenfolge stärker beeinflussen als die schiere Häufigkeit – nämlich beispielsweise die Komplexität und die «Zugänglichkeit» von Formen/Konstruktionen. Evidenz dafür ist mittels Sprachvergleich vielfältig vorgelegt worden. So erwerben Kinder das grammatische Genus im Spanischen, das ein transparentes, also für das Kind gut zugängliches System bildet, früher als das Genus im Walisischen, das ein schwer durchschaubares System mit vielen sich überlappenden Form-Funktions-Zusammenhängen bildet.

Dies bedeutet allerdings nicht, dass die Häufigkeit gar keine Rolle spielt: Für im Input sehr seltene Konstruktionen wurde ein späterer Erwerb nachgewiesen als für häufige Konstruktionen. Beispielsweise erwerben Kinder, die britisches Englisch lernen, das Present Perfect (*Have you eaten yet?*) früher als Kinder, die amerikanisches Englisch lernen, denn in deren Varietät tritt diese Konstruktion viel seltener auf. Deutsche Kinder hören in der spontan gesprochenen Sprache kaum Präteritumformen; es verwundert deshalb nicht, dass Hilde mit 3;2 für den Ausdruck der Vergangenheit, abgesehen von einzelnen Hilfsverben, nur Perfektformen verwendet (Stern/Stern 1928). Es scheint also so etwas wie eine «kritische Masse» zu geben, die erreicht sein muss, damit das Kind die jeweilige Struktur erwirbt (Gathercole/Hoff 2007). Wie groß diese jeweils ist, hängt wiederum mit der Zugänglichkeit zusammen, so dass beide Faktoren nicht getrennt betrachtet werden können. Vorkommenshäufigkeit könnte auch eine Rolle bei der Entwicklung der «produktiven» Grammatik spielen, die sich in Generalisierungen bzw. Übergeneralisierungen spiegelt (Tomasello 2000a): Konstruktionen, die im Input häufig sind, werden sich eher «einschleifen» (ich komme auf diese Metapher zurück) und dann korrekt verwendet als Konstruktionen, die seltener sind – mit diesen geht das Kind eher «kreativ» um und generalisiert eventuell falsch. Z. B. übergeneralisieren englische Kinder eher das seltenere *arrive* (**I arrived it*) als das häufigere *come*. Zusammenfassend (Gathercole/Hoff 2007): Vorkommenshäufigkeit kontrolliert nicht als solche die Erwerbsreihenfolge – dafür müssen andere Faktoren verantwortlich sein –, doch beeinflusst sie die Zugänglichkeit einer Konstruktion. Für jede Konstruktion muss das Kind ein gewisses Maß an Erfahrung sammeln, eine kritische Masse des Input, um die relevanten Verallgemeinerungen leisten zu können, wenn denn die Entwicklung für diese Verallgemeinerungen reif ist. Die kritische Masse ist umso kleiner, je transparenter die Konstruktion ist.

Beeinflusst der Input die Erwerbsgeschwindigkeit? Hierfür gibt es verlässliche Evidenz: Beispielsweise erwerben Kindergartenkinder, deren Eltern bzw. BetreuerInnen häufiger komplexe

Sätze äußern, entsprechende Konstruktionen schneller (Huttenlocher et al. 2002). Diese Erkenntnis ist, wie man leicht einsieht, von pädagogischer Relevanz. Gut studieren lässt sich die Frage vor allem an zweisprachig aufwachsenden Kindern (vgl. unten, Kap. 7.2): Ist die Inputmenge in Sprache A kleiner als in Sprache B, werden bestimmte Konstruktionen in A später erworben als in B, was beispielsweise für den Genuserwerb im Englischen und Spanischen nachgewiesen wurde. (Dabei müssen die Vergleichskonstruktionen von etwa derselben Komplexität sein.) Mehr Input bedeutet schnellere Entwicklung – wobei die Erwerbsreihenfolge allerdings offenbar weitgehend durch andere Faktoren festgelegt wird (Gathercole/Hoff 2007).

Die Erwerbsreihenfolge wird nach nativistischer Auffassung durch die Universalgrammatik kontrolliert (vgl. oben, Kap. 5.3). Wie sieht die funktionalistische Alternative aus? Zum einen sehen die Funktionalisten einen Zusammenhang zwischen der Erwerbsreihenfolge und der kognitiven Entwicklung des Kindes. Zweifellos müssen Kinder zunächst begriffliche Vergleiche vornehmen können, um Komparativkonstruktionen (*Fritz ist größer als Hans*) korrekt bilden zu können. Allerdings muss man auch von einem Einfluss in die umgekehrte Richtung ausgehen: Sprache A kann die Aufmerksamkeit des Kindes auf begriffliche Aspekte lenken, die für Sprache B keine Rolle spielen, oder bestimmte begriffliche Aspekte mögen für Sprache A eine größere Rolle spielen und damit möglicherweise früher erworben werden als in Sprache B – allerdings wohl nur innerhalb bestimmter Grenzen (Gathercole 2006). Ein Beispiel: Kinder, die Deutsch erwerben, lernen für den Ausdruck räumlicher Distanz die beiden Wörter *hier* und *dort* (ugs. *da*), Kinder, die Spanisch erwerben, die drei Wörter *aquí*, *ahí* und *allí*. Deutsche Kinder müssen dazu einen Kontrast «nah» vs. «fern» konzeptualisieren, spanische aber einen Kontrast «nah» vs. «mittel» vs. «fern» (Levelt 1989). Sprache und Kognition beeinflussen sich also gegenseitig (Szagun 2008).

Zum anderen sehen die Funktionalisten einen Zusammenhang zwischen Erwerbsreihenfolge und sprachlicher Komplexität. Das klang bereits an: Einfache Sätze werden vor Haupt-Nebensatz-

Konstruktionen erworben, komplizierte, weniger transparente Konstruktionen (z. B. Genus im Walisischen) vor transparenteren (z. B. Genus im Englischen). In der Abfolge der Erwerbsschritte hängt das Maß der Komplexität aber auch davon ab, welche Konstruktionen jeweils bereits erworben worden sind, so dass das Kind darauf aufbauen kann. Abbot-Smith/Behrens (2006) konnten beispielsweise zeigen, dass ihr kleiner Deutsch lernender Proband das *sein*-Passiv vor dem *werden*-Passiv erwarb, weil er zuvor *sein* als sog. Kopula (wie in *Fritz ist groß*) erworben hatte. Wir haben es hier mit komplexen Zusammenhängen zu tun, deren Erforschung noch ganz am Anfang steht. Zweifellos trägt die funktionalistische Forschung zu Erwerbsreihenfolgen auf überzeugende Weise dazu bei, das Bild einer (primär) inputgetriebenen Grammatikentwicklung abzurunden.

Funktionalistische Theorien beantworten die Fragen, was das Kind für die Aufgabe des Grammatikerwerbs mitbringt und welche Mechanismen im Verlauf des Erwerbs wirken, zunächst negativ: Das Kind benötige keine grammatikspezifische Disposition im Sinne einer angeborenen Universalgrammatik, und es benötige auch keine grammatikspezifischen Lernmechanismen für den Aufbau grammatischer Strukturen. Wie denn dann das Kind grammatische Strukturen erwirbt, wird unterschiedlich beantwortet. Ich beschränke mich zunächst auf die Antwort, die Michael Tomasello (2005) im Rahmen seiner «gebrauchsbasierten Theorie» («usage-based theory») der Grammatikentwicklung gibt: Das Kind erkennt, dass linguistische «Konstruktionen» – das kann alles sein vom Morphem bis zum ganzen Satz – in der konkreten Äußerung semantische und pragmatische Funktionen haben. So sind «Konstruktionen» auch phylogenetisch entstanden: als komplexe sprachliche Symbole mit Form und Funktion, durch den historischen Prozess der Grammatikalisierung. Grammatikalisierung ist ein kultureller, kein biologischer Prozess, d. h., eine spezifische genetische Adaptation für Grammatik müssen wir gar nicht annehmen. Grammatische Universalien leiten sich nicht aus einer angeborenen Universalgrammatik ab, sondern aus der gleichzeitigen Interaktion von Universalien der menschlichen Kognition, Kommunikation und der vokal-auditiven Verarbeitung im Prozess der Grammatikalisierung. Da es keine UG gibt, gibt es auch kein «Linking-Problem» (vgl. oben), und da die semantische und pragmatische Funktion der Konstruktionen dem Kind zugänglich sind, gibt es auch keine «Armut des Stimulus». Wir hatten oben das Beispiel des Erwerbs von Fragesatzkonstruktionen des Typs (c) *Ist der Mann, der auf dem Golfplatz ist,_groß?* zum Aussagesatz (a) *Der Mann, der auf dem Golfplatz ist, ist groß* diskutiert und gesehen, dass das Kind, anders als Pinker vermutet, für diese «Konstruktion» (jetzt im Tomasello'schen Sinne) Evidenz im Input findet. Wie erwirbt es aber konkret die Regel der Bildung von Konstruktionen wie in Satz (c), wenn es dazu keine Grundlage in der UG findet? Tomasello (2005) argumentiert, das Kind müsse lediglich erkannt haben, dass die gesamte Nominalphrase (*der Mann, der auf dem Golfplatz ist*) dazu verwendet wird, einen Akt der sprachlichen Referenz auf eine Person zu vollziehen. Dann würde es gar nicht in Versuchung kommen, aus dieser Phrase ein Hilfsverb herauszulösen und einen Satz wie (b) **ist der Mann, der auf dem Golfplatz_, ist groß?* zu bilden; es würde **einfach verstehen**, dass diese Einheit funktional zusammengehört. In den vergangenen Jahren ist der Erwerb einer Reihe von komplexen Konstruktionen nach diesem Muster erklärt worden (Tomasello 2005). Die Grundidee, dass Kinder mit «Konstruktionen» arbeiten, unterscheidet sich radikal vom nativistischen Ansatz, der einerseits den Erwerb des Lexikons, andererseits den Regelerwerb kennt – zwei grundsätzlich unterschiedene Erwerbsprozesse. Tomasello hingegen postuliert einen Erwerb von Grammatik, der mit dem Erwerb des einzelnen Wortes untrennbar verbunden ist: Konstruktionen werden «um das Wort», vor allem das konkrete Verb, «herum» erworben, das frühe grammatische Wissen besteht in einem Inventar von relativ unabhängigen «Verb-Insel»-Konstruktionen, die eine Szene oder Erfahrung, die das Kind gemacht hat, mit einer Konstruktion koppeln (Tomasello 2006). Empirisch spricht für diese Idee, dass erworbene Konstruktionen zunächst über Tage und Woche überwiegend unverändert mehrfach geäußert und nur zu einem geringen Prozentsatz produktiv ausgeweitet werden (Tomasello 2000b).

Ich habe im vorigen Absatz die Formulierung «einfach verstehen» hervorgehoben. Denn dahinter steckt die durchaus komplexe Annahme des Wirkens von Voraussetzungen und Lernmechanismen, mit denen das Kind an die Aufgabe des Grammatikerwerbs herangeht – zugleich also eine Antwort auf die Fragen eins und zwei von Hirsh-Pasek/Golinkoff. Es handelt sich nach Tomasello (2003) um zwei Gruppen allgemeiner kognitiver Prozesse: Erstens das Erkennen von Intentionen, das die artspezifischen menschlichen kognitiven Fähigkeiten umfasst, die für die Aneignung von Symbolen und die funktionalen Dimensionen der Sprache verantwortlich sind; und zweitens Muster-Erkennung, das ist die Gesamtheit der den Primaten eignenden kognitiven Fähigkeiten, die in Abstraktionsprozessen eine Rolle spielen. Nach Tomasello wirken diese generellen kognitiven Fähigkeiten zur Bewältigung spezifischer Erwerbsaufgaben zusammen und konstituieren vier spezifische Prozesse. Einer dieser Prozesse ist das «Einschleifen», das die Orientierung an sprachlich-konventionellen Mustern gewährleistet, ein anderer die «funktionell basierte Distributionsanalyse», die erklärt, wie Kinder aus dem Input unterschiedliche sprachliche Konstituenten, darunter die Wortartkategorien (Paradigmen wie Nomen, Verb usw.) erwerben. Hier spielen dann wieder die oben angedeuteten Muster, die dem sprachlichen Input inhärent sind, eine Rolle, darunter Frequenzaspekte und «statistische» Muster, die die Ableitung von Paradigmen begünstigen. Wir sehen, dass hier ein plausibel fundiertes Forschungsprogramm entwickelt wird, das den Grammatikerwerb sowohl phylo- als auch ontogenetisch als kulturellen, an die Kommunikationsintentionen des Menschen rückgebundenen Prozess modelliert – und das inzwischen auch durch eine Reihe von Detailstudien konkretisiert worden ist.

Bleibt ein kurzer Blick auf eine Alternative im Rahmen des funktionalistischen Ansatzes: den sog. Konnektionismus (Elman 2001). Während die «usage-based theory» empirisch mit kindlichen Äußerungen und solchen von Bezugspersonen als Daten arbeitet, simuliert der Konnektionismus Erwerbsprozesse mit Hilfe von entsprechenden Computerprogrammen, die bildlich gesprochen «künstliche neuronale Netze (KNN)» bilden. Solche

KNN sind als Verarbeitungseinheiten «dumm», d.h., sie tragen nicht von sich aus schon Information. Ein Netz, das Grammatik lernen soll, bringt also keine Universalgrammatik mit, sondern nur die Fähigkeit, einfache Verknüpfungsoperationen (Berechnungen von Verbindungsstärken zwischen den «Knoten» des Netzwerks) vorzunehmen. Man kann ein solches Netz z. B. mit lexikalischen und grammatischen Morphemen «füttern», es viele (abertausende) von Lern-(sprich: Berechnungs-)Durchgängen ausführen lassen und dann schauen, ob es beispielsweise gelernt hat, dass das lexikalische Morphem *lach-* im Deutschen schwache Präteritumformen (*lach-te* ...) bildet, *lieg-* hingegen starke (*lag* ...). Es ist faszinierend zu sehen, wie leistungsfähig solche Systeme sind (u. a. Plunkett 1998; Allen/Seidenberg 1999), wobei es so scheint, als hätte dieses Paradigma seine Blütezeit in den 1990er Jahren gehabt. Eine Schwäche ist aber unübersehbar (Tomasello 2003): Konnektionistisches Lernen bezieht sich ausschließlich auf sprachliche Formen, die Ausdrucksseite. Die Verarbeitungsprozesse haben graphisch repräsentierte Oberflächenformen als Input, rechnen über diesen und geben auch solche wieder aus. Das ist vergleichbar dem Versuch, Kindern bedeutungslose Kunstwörter oder Ausdrücke einer Kunstsprache beizubringen, denn zu deren Erwerb können sie ebenfalls nur die Ausdrucksseite verwenden. Dass das tatsächlich möglich ist, haben u.a. Saffran et al. (1996) und Marcus et al. (1999) gezeigt. Im «natürlichen» Verlauf des Spracherwerbs haben Kinder es aber immer schon zusätzlich mit Bedeutung und Funktion sprachlicher Ausdrücke zu tun – da konnektionistische Modelle diese semantischen und pragmatischen Aspekte sprachlichen Wissens ausklammern, sind sie (noch) kein Modell dessen, was Kinder im Grammatikerwerb tun.

6. Der Verlauf des Grammatikerwerbs im Deutschen

Ich gebe in diesem Kapitel einen kurzen Überblick über den Grammatikerwerb im Deutschen. Wegen der großen individuellen Unterschiede im Erwerbsverlauf sind Altersangaben nur grobe Richtwerte. Der Erwerb der Flexionsformen beginnt mit etwa 2;0 und mit etwa 4;0 sind die meisten Formen erworben. Bei Hilde verraten mit 1;11 «vereinzelt auftauchende Plurale, Indikative und Imperative, dass die flexionslose Zeit ihrem Ende entgegengeht» (Stern/Stern 1928). Das grammatische Geschlecht (Genus) am Nomen wird, in krassem Unterschied zum Erwerb des Deutschen als Fremdsprache durch erwachsene Lerner, praktisch fehlerfrei erworben. Sobald die ersten Artikel (*der, die ... ein, eine*) auftauchen, bekommen auch sie zumeist die korrekte Genusform. Das komplizierte System der Pluralformen beim Nomen (*Frau* vs. *Frauen*, *Mann* vs. *Männer* usw.) wird langsam erworben, die ersten korrekten Formen finden sich aber schon mit 2;0. Übergeneralisierungen kommen vor, z. B. des produktiven Pluralmorphems *-s* (*onkel-s analog zu *auto-s*).

Langwierig ist der Erwerb der Kasusformen. Er beginnt mit etwa 2;0, Fehler sind aber bis etwa 5;0 üblich. Kasusformen am Artikel (*der*, *des*, *dem* ...) werden in der Reihenfolge Nominativ, Akkusativ, Dativ, Genitiv erworben. Beim Nomen wird das Genitiv-s ([*des*] *auto-s*) wahrscheinlich früh – zugleich mit dem Akkusativ – erworben, allerdings machen Stern/Stern (1928) dazu keine genaue Angabe. Einzelne Pronomina werden schon früh mit korrekten Kasusformen gebraucht. Hilde etwa äußert mit 1;10 u. a. *meine suppe*. Es ist zu vermuten, dass es sich hier um eine ganzheitlich gelernte Form handelt, die Endung *-e* ist noch nicht übertragbar, produktiv. Auch noch mit 2;6 kommen nur vereinzelt deklinierte Pronomina vor, so das der 1. Person im Dativ: *gib mir*; *mach mir*. Die im Deutschen ebenfalls komplexe Adjektivdeklination ist mit etwa dreieinhalb Jahren erworben;

Hilde beispielsweise unterscheidet mit 3;2 korrekt zwischen starker und schwacher Deklination (*guter papa*, aber: *der gute papa*). Der häufigste Fehler, den Kinder beim Gebrauch der Kasusformen allgemein machen, ist die Übergeneralisierung des Akkusativs in Kontexten, die den Dativ erfordern, wie in **Da kann man mit den auto hinfahre*. Falscher Dativ für Akkusativ kommt seltener vor (Hilde mit 3;2: **haste mir ekratzt* = *hast du mich gekratzt*). Manche Flexions-«Fehler» können aber auf dialektalen Sprachgebrauch zurückgehen, was bisher zu wenig untersucht ist (Szagun 2008). Im Berliner Stadtdialekt z. B. ist *Haste dir gestoßen?* korrekt. Und in Südbaden wird *anrufen* mit Dativ konstruiert (*Ich ruf dir morgen an*). Wenn ein Kind Pronomina so gebraucht, macht es also etwas aus der Sicht des Dialekts Richtiges.

Weshalb bereitet der Erwerb der Kasusformen solche Probleme? Die gängige Begründung, Kasusmarkierungen träten im Deutschen vor allem an Artikeln auf, diese seien aber unbetont und deshalb für das Kind wenig «prominent», kann nicht überzeugen: Wir haben in Kap. 4 gesehen, dass Kinder schon ab 0;7–0;9 unbetonte Funktionswörter in einem Text wahrnehmen können und bereits mit 0;10 Artikelformen als selbstständige sprachliche Einheiten analysieren. Ein Grund könnte sein, dass die Kasusformen mehrdeutig sind: *das* z. B. kann im Neutrum Nominativ Singular oder Akkusativ Singular sein, *die* im Femininum Nominativ Singular, Akkusativ Singular, Nominativ Plural oder Akkusativ Plural. Das System ist also möglicherweise schlicht schwer zu durchschauen.

Der Erwerb der Verbflexion macht weniger Schwierigkeiten: Imperativformen erscheinen früh, bei Hilde mit 1;9 *lass*, mit 1;10 *komm* und andere. Bereits mit 1;10 taucht die 3. Person Singular Präsens auf: *brennt*, *läft* = *schläft* und andere. Erste Tempusformen neben dem Präsens sind mit etwa 2;6 für das Hilfsverb *sein* belegt; Hilde verwendet die «Präteritumformen» *wa* und *wast*, z. B. in *ebirge wast* (= *im Gebirge war sie*), eine offensichtlich lexikalisierte Form, denn eine produktive Übertragung auf andere Verben gibt es nicht. Wenn sie sich auf die Vergangenheit beziehen will, tut sie das seit etwa 2;0 ansonsten mittels des Partizip Perfekt, wobei sie zunächst die schwache Konjugation übergeneralisiert: *aneziet (angezogen), eseht (gesehen), etinkt (getrunken)* usw., im Laufe der ersten Hälfte des 3. Lebensjahres aber immer häufiger auch die starke Konjugation verwendet: *weggegangen, hinnewoarfen (hingeworfen), ummebunden (umgebunden)*. Mit etwa drei Jahren sind die Konjugationsformen der Hilfsverben bei Hilde vielfältiger geworden, sie verwendet *wirst, ewoarden* (= *geworden*), *willste, sollste, dürfen* und andere. Präteritumformen kommen nach wie vor nur bei Hilfsverben vor (neu jetzt *sollte* und *wollte*), bei Vollverben treten Perfektformen auf, z. B. in *wenn ich kakao getrunken habe* (3;0). Präteritumformen der Vollverben erscheinen nach Szagun (2008) später, wobei Übergeneralisierungen wie *gingte, gangte, kamte* häufig sind. Die erste Äußerung einer Plusquamperfektform notierten die Sterns bei Hilde mit etwa drei Jahren (*ich war schon bah ewesen* = *ich war schon spazieren gewesen*). Auch Futurformen mit *werden* treten um diese Zeit auf, und zwar, wie die Sterns berichten, immer korrekt: *ich wer se in de küche mal fragen...; wenn du ne puppe sein wirst, dann wer ich mit dir spazieren gehen*. Futurformen sind in der gesprochenen Sprache zum Verweis auf Zukünftiges sehr selten. Eine Verwendung wie in dem Puppe-Satz ist aber in der Kindersprache gebräuchlich. So sagen Kinder in Spielsituationen etwa: *Du wirst die Mutter sein und ich der Vater*. Diese Form der «konditionalen» Verwendung des Futur haben die Sterns auch bei Hilde beobachtet: Sie denkt sich etwas aus und sagt: *Da werden wir aber lachen* (3;8).

Nun zum Erwerb der Syntax: Wir hatten gesehen, dass in der Zwei- und Dreiwortphase «Sätze» mit Endstellung der Infinitivform des Verbs produziert werden. Vereinzelt kann es aber auch schon zu vollständigen Sätzen mit Zweitstellung des finiten (d. h. flektierten) Hilfsverbs kommen, wie in *n'muh is put* (Hilde mit 1;9, sie zeigt das zerrissene Bild einer Kuh). Ab dem Ende des zweiten Lebensjahres werden auch finite Vollverben in Zweitstellung gebraucht. Hilde sagt mit etwa 2;0: *hier liegt er doch*, mit 2;3: *wieder macht tatei* (= *jetzt wird es wieder schlafen*), doch treten gleichzeitig immer noch Infinitive in Endstellung auf (*hilde leisch [Fleisch] essen*, 2;4). Der Grund dürfte sein, dass die Kinder entweder noch nicht bei allen Verben die erforderlichen

Flexionsformen kennen oder sie bei der Satzproduktion nicht schnell genug, «online», bilden können. Die Sterns berichten, in Übereinstimmung mit der zweiten Vermutung, dass Hilde vor allem beim schnellen Sprechen auch noch mit 3;9 Flexionsfehler unterlaufen, die sie dann gelegentlich selbst korrigiert: *ich hab auf ein pferd gereitet, weißt du, vater, wir haben auf ein pferd geritten*. Das Repertoire an Fragesatzstrukturen weitet sich stark aus; Hilde sagt mit etwa 2 Jahren: *hommt da?* (= *wer kommt da?*), *lingt der papa?* (= *klingelt der Papa?*).

Zunächst werden Satzketten noch ‹paratatisch›, das heißt als Folgen von Hauptsätzen geäußert: *mama weggelauft, papa läuft tatei* (Hilde, vor 2;6). Die Nebensatzbildung (‹Hypotaxe›) ist im Deutschen kompliziert, weil die Stellung des finiten Verbs von der im Hauptsatz abweicht: es steht nicht in Zweit-, sondern in Endstellung: *... ob sie hierher kommt*. Kinder lernen diese Regel um das dritte Lebensjahr herum; Hilde: *ich wer se in de küche mal fragen, ob sie hierher kommt* (3;0); *du reibst ja deine hände, weil's so kalt is* (3;2); *kriegst keine schnitte, hilde, wenn du so unatig bist* (2;10).

Um 3;0 treten Passivsätze auf: *puppe will in* (= *an*) *tisch gesetzt werden; jetzt muss eklingt* (= *geklingelt*) *werden* (Hilde mit 3;3). Doch sind Passivsätze bei Kindern bis ins 6. Lebensjahr relativ selten. Beim Sprachverstehen neigen sie insbesondere bei reversiblen Passivsätzen dazu, die Sätze nach der Abfolge der Wörter zu interpretieren (*Der Kater wird von dem Hund gejagt* →«Der Kater jagt den Hund»). Die große kognitive Komplexität der Konstruktion könnte die Produktion hemmen (Peltzer-Karpf 1994).

Mitte des 4. Lebensjahres werden Hildes Satzgefüge immer komplexer: *wenn de wiederkommst, dann schenk ich se dir, wenn se fertig is* (3;7), kleine Geschichten werden grammatisch kohärenter: *der marie will ich mal sagen, ob ich die soldaten gesehen habe drüben im hofe, und da haben se alle orntlich efiffen und da haben se de feifen ganz fest gehalten* (3;5). Recht komplexe Äußerungen sind für dieses Alter immer wieder überliefert worden. Im folgenden Beispiel ist nicht zu entscheiden, ob ein Verbstellungsfehler vorliegt oder ob das Kind die in der gesprochenen Sprache nach *weil* mögliche Verbzweitstellung wählt:

S*chau, zuerst müssen wir da durchziehen und dann so drehen, weil sonst wird sie [die Lampe] kaputt* (Kind mit 3;10). In dieser Zeit äußert Hilde auch konjunktivische Sätze: Die Mutter hat gesagt, sie werde mit den Kindern spazieren gehen; Hilde: *der vater könnte auch mitkommen* (3;8). Relativsätze machen deutschen Kindern Schwierigkeiten. Die Sterns notieren für Hilde einen mit 4;3, es bleibt aber offen, ob es der erste ist: *der da unten spricht, der singt immer*. An der Verbzweitstellung kann das nicht liegen, denn die wird in anderen Nebensatztypen bereits beherrscht. Kielhöfer/Jonekeit (1998) vermuten, dass die Kinder das Relativpronomen (*der, die* etc.) noch als Demonstrativpronomen interpretieren: *der singt immer*. Mit etwa vier Jahren, so kann man schließen, beherrschen Kinder die «wichtigsten syntaktischen Prinzipien» (Peltzer-Karpf 1994). Im Laufe des 5. Lebensjahres kommen dann Konstruktionen wie der irreale Konditionalsatz hinzu: *wenn ich das hemdchen ausgezogen hätt', das wär doch auch schön; wenn oben auf'n* [falsche Kasusform] *schornstein was zugedeckt wäre, dann kann doch der rauch nich rauskommen* (Hilde mit 4;4). Ganz glatt geht das natürlich nicht immer, wie folgende Äußerung beweist. Die Mutter hat erzählt, dass die Sonne aus Feuer besteht; Hilde (4;6): *wenn wir hätten in ihr sein, da hätten wir sehr verbrannt worden*. Man sieht, dass selbst die ausgesprochen sprachbegabte Hilde im 5. Lebensjahr noch Schwierigkeiten hat, bei komplexer Syntax Flexionsformen, die sie sehr wohl kennt, «online» korrekt zu produzieren. Auch Kielhöfer/Jonekeit (1998) beobachten das Auftreten von irrealen Konditionalsätzen bei Olivier und Jens zwischen viereinhalb und fünf Jahren.

Die Reihenfolge des Erwerbs der Nebensatztypen kann nach Kielhöfer/Jonekeit (1998) zugleich durch ihre kognitive und sprachliche Komplexität erklärt werden: Zuerst muss das Kind verstehen, dass Ereignisse aufeinanderfolgen können, es bildet temporale Nebensätze (*wenn* ...) ab ca. drei Jahren. Innerhalb der Arten temporaler Nebensätze gibt es noch einmal beachtliche Schwierigkeitsunterschiede, die sich in der Erwerbsreihenfolge bemerkbar machen. So bildet im Satz *Walter trinkt ein Glas Saft, bevor er Fußballspielen geht* die Konstituentenabfolge das zeitliche Nacheinander ab, im Satz *Bevor Walter Fußballspielen geht, trinkt er ein Glas Saft* ist die Konstituentenabfolge aber gegenüber der zeitlichen Abfolge umgekehrt. Analoges gilt für Sätze mit *nachdem*. Mit der spontanen Interpretation solcher Sätze tun sich sogar Erwachsene gelegentlich schwer. Erst wenn es die Grundzüge der Temporalität beherrscht, kann das Kind die Idee der Verursachung eines Ereignisses durch ein anderes entwickeln, es bildet Kausalsätze (*weil*...) ab ca. 3;2. Daraufhin, ab ca. vier Jahren, ist die Bildung von Finalsätzen (*damit*...) möglich, denn Finalität ist eine Art in die Zukunft gerichteter Kausalität. Auch Konzessivität (*obgleich*...) und Irrealität setzen den Begriff der Kausalität voraus und entwickeln sich im 5. Lebensjahr. Man kann also sagen, dass vor dem 5. Geburtstag das Kind weitgehend über die Grammatik seiner Sprache gebietet. Gelegentlich wird behauptet, dass Mädchen in ihren sprachlichen Fähigkeiten Jungen überlegen seien, doch zeigt die Überprüfung einschlägiger Studien, dass dies im Kindergartenalter nicht stimmt (Tomblin 1996).

7. Abweichende Spracherwerbsverläufe

Im Ausdruck ‹abweichende Spracherwerbsverläufe› ist ‹abweichend› nicht wertend, sondern rein beschreibend gemeint. Die Spracherwerbsforschung kennt einen «Normalverlauf» des Erwerbs, nämlich die Situation **eines** körperlich und geistig gesunden Kindes, das mit erwachsenen Bezugspersonen in **einer** natürlichen Sprache interagiert. Nur vor dieser Folie – und nur in diesem Sinne – sind die im folgenden behandelten Spracherwerbsverläufe «abweichend».

7.1 Zwillinge

Der Spracherwerb von Zwillingen ist aus zwei Gründen interessant: Erstens ist die Zwillingssituation keineswegs selten: In

Deutschland ist etwa jede 85. Geburt eine Zwillingsgeburt. Zweitens herrscht in der Forschung Konsens, dass Zwillinge eine gegenüber Einlingen verzögerte Sprachentwicklung durchmachen. Die Unterschiede sind zwischen dem 2. und 5. Lebensjahr am ausgeprägtesten, einige Unterschiede, z. B. hinsichtlich der Artikulation, verlieren sich in der Regel mit etwa fünf Jahren, andere halten sich bis ins 10. Lebensjahr. U. a. wurde gefunden, dass Zwillinge später zu sprechen beginnen, ihre Spontansprache kürzere und weniger komplexe Sätze aufweist, der Wortschatz weniger umfangreich ist und sich die Artikulationsfähigkeit später differenziert. Wie groß die Verzögerung der Sprachentwicklung ist, ist allerdings umstritten: Zumeist wird für Kleinkinder ein Rückstand von zwei bis sechs Monaten gegenüber Einlingen angenommen. Eine amerikanische Studie an mehr als dreitausend zweijährigen Zwillingspaaren kommt auf durchschnittlich 3,5 Monate für den produktiven Wortschatz; eine Studie an elf Zwillingspaaren fand, dass der Wortschatz mit einem Jahr weniger als halb so groß war wie der von gleichaltrigen Einlingen. Gelegentlich wurde ein Einfluss des Geschlechts gefunden: In einer Großgruppenstudie von Dale et al. (1998) schnitten weibliche Zwillinge insgesamt (als weibliches eineiiges Paar und als weibliches Kind eines zweieiigen gemischtgeschlechtlichen Paars) besser ab als männliche Zwillinge.

Als Ursache der Sprachentwicklungsverzögerung kommt zunächst eine biologische Tatsache in Betracht, nämlich das durchschnittlich geringere Geburtsgewicht von Zwillingen. Kinder – auch Einlinge – mit geringem Geburtsgewicht scheinen in ihrer Sprachentwicklung gegenüber solchen mit normalem Geburtsgewicht benachteiligt zu sein. Als weiterer Ursachenkomplex für die verzögerte Sprachentwicklung wird die soziale Situation diskutiert. Dabei ist vermutlich nicht die gewöhnlich ja sehr enge Beziehung zwischen den Kindern das Problem, sondern die begrenzten Ressourcen der Bezugspersonen an Zeit und Aufmerksamkeit für verbale Interaktion mit den Kindern. Die Kommunikationssituation ist «triadisch» – Bezugsperson, zwei Kinder –, nicht «dyadisch» wie beim Einling. Ein Zwilling bekommt so u. U. weniger und qualitativ andere sprachliche Zuwendung als ein Einling. Wenn man davon ausgeht, dass der individuell auf das Kind zugeschnittene Input einen entwicklungsrelevanten Faktor darstellt, ist dies ein beachtenswertes Argument. Eine amerikanische Studie ergab, dass Zwillingsmütter die Babys ihrer Studie deutlich weniger zu Aufmerksamkeit gegenüber der Umwelt animierten als Mütter von Einlingen und auch weniger mit ihnen sprachen. Der «didaktische Stil» der Mütter hat offenbar zur Folge, dass die Zwillinge weniger strukturierte sprachbezogene Anregungen bekommen als Einlinge, so etwa beim gemeinsamen Anschauen von Bilderbüchern. Wie wir gesehen haben, spielen solche hochstrukturierten Interaktionen eine bedeutende Rolle im Spracherwerb (vgl. oben, Kap. 2.3). Zu einem vergleichbaren Ergebnis kommen Tomasello et al. (1986). Ihre Zwillingsmütter sprachen zwar genauso viel mit den Kindern wie Einlingsmütter, doch führte nach Tomasello et al. die Notwendigkeit der Aufteilung ihrer Ressourcen zu qualitativen Veränderungen im Kommunikationsverhalten: Ihr Stil war «direktiver», d. h., sie äußerten mehr direkte Aufforderungen, um die Situation zu bewältigen. Sie imitierten öfter die Äußerungen der Kinder, setzten sie aber seltener fort bzw. erweiterten sie seltener; auch dies wird von den AutorInnen auf die triadische Situation zurückgeführt. Wie wir gesehen haben (vgl. oben, Kap. 5.2), sind aber höchstwahrscheinlich gerade diese ‹Expansionen› ein die Sprachentwicklung förderndes Kommunikationsmuster. Man muss also Zwillingseltern raten, ihr Kommunikationsverhalten zu kontrollieren und Situationen zu schaffen, in denen auch das einzelne Kind zum Sprechen angeregt wird und seine Äußerungen aufgenommen und erweitert werden.

Ein noch wenig erforschtes Phänomen ist die sog. Privat- oder Geheimsprache zwischen Zwillingen, in der neueren Forschung meist neutral als ‹Zwillingssprache› bezeichnet. Zur Präzisierung dieses Begriffs ist es sinnvoll, eine Skala der Ausprägung dieses Kommunikationsmittels aufzumachen, an deren einem Ende der ‹Jargon› und an deren anderem Ende die ‹Privatsprache› steht. ‹Jargon› meint, dass die Zwillinge untereinander in für andere komplett unverständlichen Äußerungen kommunizieren (zum ‹Jargon› im ‹expressiven Stil› vgl. oben, Kap. 2.4).

‹Privatsprache› steht für Äußerungen, in denen neben muttersprachlichen Elementen Neuschöpfungen von Wörtern und Wendungen auftreten. Wenn Zwillinge sich untereinander einer Privatsprache bedienen, charakterisiert z. B. durch Wortneuschöpfungen und prosodische Besonderheiten (wie schnelles und ‹nuschelndes› Sprechen), in Kommunikation mit anderen aber normal sprechen, ist nicht mit herausragenden Störungen der Sprachentwicklung zu rechnen. Privatsprache in diesem Sinne beobachtet man auch zwischen Geschwistern und eng befreundeten Kindern. Traditionell wird angenommen, dass es sich hier um ein Verständigungsmittel handelt, das Zwillinge spontan «erfinden» und das Ausdruck ihrer intimen Vertrautheit miteinander ist.

Anders liegen die Dinge, wenn Zwillinge sich im frühen Kindesalter untereinander ausschließlich eines ‹Jargons› bedienen. Spektakuläre Beispiele findet man bei Zimmer (1989). Es konnte gezeigt werden, dass bei solchen Zwillingen das Auftreten von behandlungsbedürftigen Störungen der Sprachentwicklung wahrscheinlicher ist als bei Zwillingen ohne Jargon. Diese AutorInnen erwägen sogar, ob nicht, umgekehrt, in den Fällen, in denen bei Zwillingen später eine Sprachentwicklungsstörung diagnostiziert wurde, der Jargon bereits ein früher Ausdruck der Störung war. Wenn mit etwa eineinhalb Jahren bei einem Zwillingspaar noch keine erkennbaren Wörter der Muttersprache auftreten, ist eine entsprechende Abklärung dringend geboten.

7.2 Zweisprachige Kinder

Von welchem Grad der Beherrschung einer Fremdsprache an man als ‹zweisprachig› gilt, ist eine Frage der Definition – die Forschung gibt darauf unterschiedliche Antworten. Auch kann man bekanntlich auf unterschiedliche Weise zweisprachig werden: Eine Möglichkeit ist der ‹gesteuerte› Fremdsprachenerwerb in der Schule, eine andere der ‹ungesteuerte› Fremdsprachenerwerb beispielsweise von Arbeitsimmigranten. Ich werde im Folgenden aber nur den ‹doppelten Erstspracherwerb› betrachten, von dem man spricht, wenn ein Kind in den ersten beiden Lebensjahren zwei Sprachen gleichzeitig erwirbt (Tracy/Gawlitzek-Maiwald 2000).

Der doppelte Erstspracherwerb kann in unterschiedlichen familiären Konstellationen ablaufen. Im wohl häufigsten Fall haben die Eltern unterschiedliche Muttersprachen (Kielhöfer/Jonekeit 2002). Sie können dann, nach dem «Partnerprinzip» – eine Person, eine Sprache (EPES) –, mit dem Kind in ihrer jeweiligen Muttersprache sprechen. Auf diese Weise können beide Elternteile ihre sprachliche Identität im Umgang mit dem Kind wahren, die jeweiligen Eigenheiten ihrer Muttersprache in die Kommunikation mit dem Kind einbringen (z. B. Kinderreime, Wörter der Ammensprache) und zugleich die Voraussetzungen einer Verständigung des Kindes etwa mit im Ausland lebenden Großeltern schaffen. Zwischen den Eltern kann sich allerdings dann Konfliktpotenzial entwickeln, wenn ein Elternteil die Sprache des anderen nicht versteht, also z. B. die Deutsch sprechende Mutter Türkisch nicht versteht, die Sprache, die der Vater mit dem Kind spricht.

Aber nicht nur die Trennung zwischen den Sprachen von Mutter und Vater spielt im Erwerbsprozess eine Rolle, sondern weitere funktionale Sprachentrennungen kommen hinzu. Dazu gehören die Familiensprache, also die Sprache, die im Kreis der ganzen Familie gesprochen wird, zweitens gegebenenfalls die Sprache, die die Geschwister untereinander sprechen, drittens die Spielsprache, das ist die Sprache des Spielmonologs, die sich durch die häufigsten SpielpartnerInnen des Kindes herausbildet, und viertens die Umgebungssprache, also die Sprache des Landes, in dem das Kind aufwächst. Es versteht sich fast von selbst, dass letztere aufgrund des Einflusses von Spielkameraden, Kindergarten und schließlich der Schule im Laufe der Jahre eine immer wichtigere Rolle einnimmt. Sie wird deshalb fast immer die ‹starke Sprache› des Kindes. Die Unterscheidung von ‹starker› und ‹schwacher Sprache› (Kielhöfer/Jonekeit 2002) drückt aus, dass im doppelten Spracherwerb so gut wie immer ein Ungleichgewicht zwischen den Sprachen beobachtet wird, wobei dieses sich durchaus verschieben kann. Um den Einfluss der Umgebungssprache nicht übermächtig werden zu lassen, wird empfohlen, als Familiensprache und/oder Spielsprache nicht die Umgebungssprache zu pflegen, sofern dies möglich ist. Auch längere Aufenthalte der Kinder im Land der anderen Sprache, also z. B. bei den Großeltern, während derer konsequent in der betreffenden Sprache gesprochen wird, sind hilfreich, um die potenziell schwache Sprache zu fördern.

Die Beachtung des EPES-Prinzips scheint eine erfolgreiche zweisprachige Erziehung zumindest zu begünstigen, was selbstverständlich nicht heißt, dass punktuelle Durchbrechungen bereits schädlich sein müssen und zu «Semilingualität» (das Kind lernt keine der Sprachen richtig) führen. Auch aus den Reaktionen der Kinder selbst wird ein differenzierter Umgang mit der Sprachentrennung erkennbar. Kielhöfer/Jonekeit (2002) beschreiben z. B., dass in der von ihnen untersuchten französisch-deutsch-bilingualen Konstellation die Französisch sprechende Mutter aus der Sicht des Kindes ins Deutsche wechseln darf, wenn sie im Spiel die Rolle eines deutschen Feuerwehrmanns übernimmt. Weiterhin darf sie sowohl auf Französisch als auch auf Deutsch vorlesen. Eine Verletzung der Sprachentrennung liegt aus der Sicht der Kinder hingegen vor, wenn die Mutter andere deutsche Kinder auf Französisch anspricht, selbst wenn diese Französisch verstehen. Es ist sicher richtig, dass eine sklavische Befolgung des EPES-Prinzips die Spontaneität der Kommunikation zwischen Eltern und Kind beeinträchtigen (Abdelilah-Bauer 2008) und in einer Reihe von Situationen unangemessen sein kann (Tracy 2008). Allerdings ist der Hinweis darauf, dass man auch andere Regeln der Sprachentrennung einführen könne, den man in Anstatt (2007) findet, nicht wirklich hilfreich: Bestimmte Räume oder bestimmte Situationen für jeweils eine Sprache reservieren zu wollen, erscheint im familiären Rahmen als weltfremd. Ich möchte deshalb, gegen den Trend der einschlägigen Literatur und aus eigener Anschauung, davor warnen, vom EPES-Prinzip abzuweichen. Ein Scheitern ist vor allem dann wahrscheinlich, wenn ein Elternteil die Sprache, die nicht seine Muttersprache ist, nur unvollkommen beherrscht, sie aber trotzdem regelmäßig mit dem Kind spricht.

In der frühen Sprachentwicklungsphase, bis etwa 2;6, beobachteten Kielhöfer/Jonekeit (2002) bei den Kindern Jens und Olivier häufige ‹Sprachmischungen›. Darunter versteht man die Kombination von Wörtern, Satzteilen oder Sätzen aus den beteiligten Sprachen, so dass z. B. *encore tinta (noch trinken)* und *encore boire* abwechseln. Es gibt Anzeichen dafür, dass Kinder einzelne Wörter nicht in allen Fällen sicher einer der Sprachen zuordnen können, worin eine mögliche Ursache von Mischungen liegt (Tracy/Gawlitzek-Maiwald 2000). Diese ‹naiven Sprachmischungen› gehen mit wachsendem Bewusstsein der Zweisprachigkeit zurück, treten aber im Fall von Wortfindungsproblemen bei Jens, der gegenüber Mischungen toleranter ist als Olivier, durchaus auch später noch auf (mit 2;9 zum Deutsch sprechenden Vater: *Guck mal, eine ‹mouche›!* (... *eine Fliege!*). Auch kommt es bei Zweisprachigen zu ‹Interferenzen›. Das sind Überlagerungen von Regeln, die zu Fehlern führen. Bei Olivier und Jens wirkt vor allem das ‹starke› Deutsch in diesem Sinne auf das ‹schwache› Französisch ein. Um bei der *Fliege* zu bleiben: Die französische Äußerung **Fais pas la mouche morte!* ist grammatikalisch fehlerhaft, korrekt wäre etwa *Ne tue pas la mouche!* Der falschen französischen Äußerung liegt offensichtlich die deutsche Konstruktion *Mach die Fliege nicht tot!* zugrunde.

Interferenzen und Sprachmischungen in der frühen Phase des Spracherwerbs gehören, so Kielhöfer/Jonekeit (2002), zur Zweisprachigkeit, sie sind, auch bei funktionaler Sprachentrennung, unvermeidlich und dürfen nach Tracy (1996) nicht als «Ausdruck defizitärer Sprachentwicklung» verstanden werden. Sie haben subjektiv für Zweisprachige eine helfende Funktion: In Fällen von «Sprachnot» können sie auf die andere Sprache zurückgreifen, um Wortfindungsschwierigkeiten zu überbrücken, sich genauer auszudrücken oder um komplexe Strukturen zu meiden.

Zur Zweisprachigkeit gehört selbstverständlich auch die Fähigkeit zum Sprachenwechsel, in der Literatur als ‹Code-Switching› bezeichnet. Die soeben behandelten Sprachmischungen sind so gesehen Fälle von Code-Switching am «falschen» Ort. «Schaltprobleme» kann es in unterschiedlichen Situationen geben. So fragt die Mutter Olivier *Vous voulez voir la ‹Sendung mit der*

Maus›? Olivier schaltet zu langsam von diesem deutschen Ausdruck auf das geforderte Französisch um und antwortet *O ja! ... eh ... oui!* (Kielhöfer/Jonekeit 2002). Doch kann man, trotz solcher Zwischenfälle, die Fähigkeit zum Code-Switching als eine der bewundernswertesten Leistungen der Zweisprachigen bezeichnen. Denn das Umschalten betrifft ja nicht etwa nur den Wechsel in ein anderes Sprachsystem – betroffen sind auch Sprachrhythmus, Sprechgeschwindigkeit sowie die begleitende Gestik und Mimik! Zweisprachige können so «beim Umschalten den Eindruck erwecken, sich in eine andere Person zu verwandeln» (Kielhöfer/Jonekeit 2002). Spätestens gegen Ende des dritten Lebensjahres wählen die Kinder die Sprache in Übereinstimmung mit der des Gesprächspartners (Tracy 1996).

Bei der Besprechung der «Sprachmischungen» habe ich den Ausdruck «Bewusstsein der Zweisprachigkeit» verwendet, auf den nun näher eingegangen sei. Kielhöfer/Jonekeit (2002) haben bei Olivier und Jens genau verfolgt, wie sich das Bewusstsein der Zweisprachigkeit entwickelt. So weiß Olivier mit zwei Jahren, dass seine Mutter und sein Vater unterschiedliche Sprachen sprechen. Ihm ist bewusst, dass seine Mutter auch deutsch, sein Vater aber nicht französisch spricht, denn er fragt die Mutter häufig *Comment dit papa?*, seinen Vater aber nie *Wie sagt Mama?* Mit 2;9 übersetzt er gern für den Vater, z. B. wenn sie eine französische Rundfunksendung hören, hingegen weigert er sich zu übersetzen, wenn er das Gefühl hat, dass man nur seine Zweisprachigkeit testen will. Mit 3;0 funktioniert sein Code-Switching reibungslos, und er benutzt die Ausdrücke *deutsch* und *französisch* korrekt. Kinder verfügen, darüber ist man sich in der Forschung einig, am Ende des dritten Lebensjahres über explizites metasprachliches Wissen über die Koexistenz der Sprachen, das sich in Dialogen wie dem folgenden äußert. Mutter: *In the Kita* [Kindertagesstätte] *they call it ‹Frühstück›, don't they?* – Hannah (2;9): *Und du heißt das ‹breakfast›* (Tracy 1996).

Mit dem Bewusstsein der Zweisprachigkeit entwickelt sich zugleich die – positive oder negative – Einstellung des Kindes zur Zweisprachigkeit. Die Einstellung spielt eine wichtige Rolle für das Gelingen oder Misslingen der zweisprachigen Erziehung.

Die Einstellung wiederum wird u. a. vom Prestige der Sprachen beeinflusst: Ein negatives Image einer der Sprachen, das sich z. B. in abfälligen Bemerkungen äußert, kann eine «Sprachkrise» auslösen: Die Kindern genieren sich, z. B. im Kindergarten diese Sprache zu sprechen. Die Folge kann schließlich Sprachverweigerung sein. Neben dem Prestige einer Sprache können auch emotionale Gründe eine Sprachverweigerung verursachen, etwa durch eine gestörte Beziehung zu dem Elternteil, das die Sprache spricht. Auch kann die ‹schwache› Sprache so ins Hintertreffen geraten, dass sie schließlich verweigert wird. Eltern, die sich auf eine zweisprachige Erziehung einlassen und diese konsequent durchhalten, können trotzdem durchaus die Erfahrung machen, dass ein Kind zur Einsprachigkeit zurückkehrt.

Es ist nicht einfach, **Nachteile** des doppelten Erstspracherwerbs auszumachen. Alle Einwände – zweisprachige Kinder seien überfordert, sie erlernten keine der Sprachen richtig, sie hätten einen verzögerten Spracherwerb und größere psychische Probleme als Monolinguale, sie neigten gar zur Schizophrenie usw. – haben sich als Vorurteile erwiesen (Kielhöfer/Jonekeit 2002; Tracy 1996). Auch im Einzelnen ist inzwischen nachgewiesen worden, dass sich mono- und bilinguale Erwerbsverläufe nicht signifikant unterscheiden (Tracy/Gawlitzek-Maiwald 2000), wenngleich es z. B. beim Erwerb morphologischer Formen zu Verzögerungen kommen kann (Gathercole/Hoff 2007). Die **Vorteile** des doppelten Erstspracherwerbs liegen auf der Hand: Die Kinder wachsen auf natürliche Weise in zwei Sprachen und damit tendenziell in zwei Kulturen hinein, Prozesse, die im Schulalter mühsamer ablaufen. Doch gilt es, die Vorteile des doppelten Erstspracherwerbs nicht überzubetonen. Die schwache Sprache kann durchaus Probleme bereiten, insbesondere mit Beginn des Schriftspracherwerbs. Vorteile haben Zweisprachige wohl in erster Linie im Hinblick auf die Aussprache, deren Erwerb bekanntlich bei späterem Beginn besondere Schwierigkeiten bereitet. Gleichwohl können auch ab dem Schuleintrittsalter Fremdsprachen noch bis zur Perfektion erlernt werden (Bongaerts 1999). Kielhöfer/Jonekeit (2002), durchaus Verfechter der zweisprachigen Erziehung, sehen deshalb Kosten und Nutzen sehr nüchtern. Als Voraussetzungen für eine erfolgreiche zweisprachige Erziehung nennen sie die konsequente Sprachentrennung, eine positive Einstellung der Eltern zur Zweisprachigkeit, ausreichende emotionale und sprachliche Zuwendung durch beide Elternteile und positives Sozialprestige beider Sprachen. Die ersten drei Voraussetzungen können die Eltern steuern, die vierte nicht. Unter ungünstigen Voraussetzungen den doppelten Spracherwerb erzwingen zu wollen, ist unsinnig.

Eine in den vergangenen Jahren intensiv verfolgte Fragestellung betrifft die Repräsentation zweier Sprachen im Gehirn. Für die Sprachproduktion scheint das Gehirn bei spätem Beginn des Zweitspracherwerbs (ab ca. sieben Jahre) für die zweite Sprache andere Strukturen zu benutzen als für die erste (Kim et al. 1997). Für das Verstehen gesprochener Sprache fand eine italienisch-französische Forschungsgruppe bei perfekten Italienisch-Englisch-Bilingualen mit spätem Erwerb (nach dem 10. Lebensjahr) und perfekten Spanisch-Katalanisch-Bilingualen mit frühem Erwerb (vor dem 4. Lebensjahr) keine unterschiedliche Repräsentation der Sprachen im Gehirn (Perani et al. 1998). Für nicht-perfekte Italienisch-Englisch-Bilinguale mit spätem Beginn des Erwerbs der Zweitsprache hatte man in einer vorhergehenden Studie einen Unterschied der Repräsentation gefunden. Dies spricht dafür, dass neben dem Erwerbsbeginn (früh vs. spät) auch der Grad der Beherrschung der beiden Sprachen deren Repräsentation im Gehirn beeinflusst. Die Forschung steht in dieser Frage aber noch ganz am Anfang.

7.3 Hörgeschädigte Kinder

7.3.1 Definitionen und Schweregradbestimmung. Wie viele Kinder Hörschäden haben, kann nur grob geschätzt werden. Alle Ursachen und Schweregrade zusammengenommen, kommt man auf 2–4% eines Geburtsjahrgangs. Der Schweregrad der Störung wird nach der Hörschwelle (in Dezibel) bestimmt, d. h. nach der Lautstärke, die ein Ton haben muss, um noch gehört zu werden (‹Tonaudiometrie›). Man unterscheidet vier Grade der Hörstörung (Löhle 1991): 1. leichtgradig (20–40 dB), 2. mittelgradig (40–60 dB), 3. hochgradig (60–90 dB) und 4. Resthörigkeit/Gehörlosigkeit (≥ 90 dB). Die Gruppen 1–3 nennt man ‹schwerhörig›, d.h., die Betroffenen weisen verminderte Hörfähigkeit auf, sind aber noch imstande, akustische Eindrücke und Sprache über das Gehör wahrzunehmen. Bei Gruppe 4 unterscheidet man Betroffene, die mittels Hörgeräten noch akustische Wahrnehmungen haben, von solchen, für die das nicht gilt und die deshalb als ‹gehörlos› bezeichnet werden. Etwa eins von tausend Kindern wird resthörig geboren oder entwickelt Resthörigkeit in den ersten Lebensmonaten – mit entsprechend gravierenden Konsequenzen für den Spracherwerb. Zusätzlich ist ein weiteres von tausend Kindern vor Erreichen des Erwachsenenalters von Resthörigkeit betroffen.

Zwar haben mehr als 90% der gehörlosen Kinder hörende Eltern, doch ist familiäre Schwerhörigkeit der Risikofaktor Nummer eins. Man geht davon aus, dass ca. 60% der Fälle schwerer Beeinträchtigung durch genetische Defekte verursacht sind (Löwe 1996), wobei die Schädigung in etwa einem Drittel der Fälle nicht schon bei der Geburt vorliegt, sondern in den ersten beiden Lebensjahren eintritt. Derzeit wird intensiv nach den Genen gesucht, die für erbliche Hörstörungen verantwortlich sind. Da aber an der Bildung der Hörorgane Dutzende von Genen beteiligt sind (Petit 1996), ist die Erforschung kompliziert, klinische Konsequenzen sind entsprechend noch Zukunftsmusik.

Medizinisch werden zwei Grundformen von Hörstörungen unterschieden: **Schallleitungsstörungen** betreffen das Mittelohr, wenn sie nicht aufgrund eines Verschlusses des äußeren Gehörgangs entstanden sind. Sie werden häufig durch Mittelohrentzündungen verursacht; die Hörstörung liegt in der Regel unter 40 dB und bildet sich mit der Heilung zurück. Die Mittelohrentzündung gehört zu den häufigsten Erkrankungen in der frühen Kindheit. Eine chronische Mittelohrentzündung (Dauer: länger als drei Monate und definiert durch einen Trommelfelldefekt) oder wiederkehrende Mittelohrentzündungen bergen das Risiko einer verzögerten Sprachentwicklung. So wiesen Kinder, die mit zwölf Monaten eine Mittelohrentzündung hatten, mit drei Jahren stärkere Sprachprobleme auf als Kinder, die im Alter von zwei Jahren erkrankt waren (Grimm 1999). Man sollte also bei Kindern, die unter Mittelohrentzündungen (oder bereits unter einer Sprachentwicklungsverzögerung) leiden, die Hörfähigkeit überprüfen lassen.

Schallempfindungsstörungen betreffen das Innenohr (die sog. Schnecke oder Cochlea) bzw. den Hörnerv. Sie sind irreparabel und führen in der Regel zu schweren Beeinträchtigungen. Mit einer apparativen Hörhilfe oder, unter gewissen Bedingungen, mit einer Innenohrprothese, dem Cochlea-Implantat (vgl. unten 7.3.3), kann die Hörleistung verbessert werden.

7.3.2 Lautspracherwerb. Prinzipiell steht dem hörgeschädigten Kind sowohl der Weg in die Lautsprache als auch in eine Gebärdensprache offen. In welche Sprache es hineinwächst, hängt vom Sprachgebrauch in der Familie und der ersten besuchten Schule ab. Hörgeschädigte Kinder aus hörenden Familien werden eher in die Lautsprache hineinwachsen als hörgeschädigte Kinder aus Familien, in denen ein Elternteil oder beide hörgeschädigt sind (etwa 10% aller Kinder). In der Schule für Hörgeschädigte werden beide Gruppen eher mit der Lautsprache konfrontiert, doch kommunizieren die Kinder spontan untereinander mit Gebärdensprache.

Inwieweit der Lautspracherwerb gelingt, hängt u. a. von der Schwere der Hörstörung ab. Der Pädaudiologe und Phoniater Erwin Löhle (1991) unterscheidet vier Gruppen: Gruppe A (sehr gutes Restgehör, Hörverlust von 91 dB bis ca. 110 dB im Frequenzbereich 1000–4000 Hz) kann mit Hilfe des Hörgeräts die Prosodie und phonologische Differenzierungen der Sprache auditiv erfassen und das lautsprachliche Niveau hochgradig schwerhöriger Kinder erreichen. Gruppe B (gutes Restgehör, Hörverlust von ca. 100 dB bis 110 dB im Frequenzbereich 1000–2000 Hz) kann mit Hilfe des Hörgeräts die Prosodie der Sprache erfassen, im Bereich der Phonologie gelingt hingegen oft nur noch die Unterscheidung von Vokalen. Gruppe C (sehr geringes Restgehör, bei 1000 und 1500 Hz Hörverlust zwischen 70 und 90 dB) unterscheidet auditiv überwiegend nur noch rhythmische Merkmale. Gruppe D (völlig gehörlose Kinder) kann auch mit Hörgerät weder prosodischen noch phonologischen sprachlichen Input wahrnehmen. Kinder der Gruppen C und D sind heute Kandidaten für ein Cochlea-Implantat (vgl. unten, Kap. 7.3.3).

Weiterhin hängt die Möglichkeit des Lautspracherwerbs von der frühzeitigen Diagnose, einer ausreichenden therapeutischen Versorgung einschließlich der Anpassung einer Hörhilfe und einer intensiven lautsprachlichen Frühförderung ab. Es ist deshalb bedauerlich, dass es in Deutschland immer noch keine effiziente und gezielte frühe Diagnostik gibt: Die Erfassung von Hörschäden bei den pädiatrischen Vorsorgeuntersuchungen U1-U8 wird allgemein als unzureichend bezeichnet (Laszig 1997). Dabei lassen sich mit einfachen Fragen an die Mütter Hörschäden abklären: «Wenn Ihr Kind in einem ruhigen Raum schläft und ein lautes Geräusch ertönt, beginnt es dann, sich zu bewegen und aufzuwachen?» (0;2); «Versucht Ihr Kind seinen Kopf zu drehen, wenn es einen Laut oder seinen Namen hört?» (0;4 und 0;6); «Freut sich Ihr Kind, wenn Sie eine Glocke klingeln lassen oder eine Rassel schütteln?» (0;8). Die vollständige Liste von Fragen findet man bei Grimm (1999).

Befürworter einer kompromisslosen Lautspracherwerbsförderung (sog. oral-aurale Methode) betonen, dass die Versorgung mit einem Hörgerät mit spätestens 0;6 – 0;8 notwendig und schon ab 0;3 möglich ist. Löwe (1996) vertritt die Meinung, dass für die Mehrheit der resthörigen und hochgradig schwerhörigen Kinder die Vermittlung der Lautsprache das geeignete Verfahren sei, weil nur so das Kind mit den Angehörigen seiner Sprachgemeinschaft kommunizieren könne. Inwieweit der Lautspracherwerb hörgeschädigter Kinder gelingen kann, ist aber umstritten. Peltzer-Karpf (1994) kommt aufgrund empirischer Studien zur Lautsprachentwicklung zu einem optimistischen Fazit: Durch eine Früherkennung der Hörschädigung und durch gezielte Frühförderung könnten selbst noch hochgradig hörgeschädigte und resthörige Kinder «zu einer guten [Laut-]Sprachentwicklung» geführt werden. Kiese-Himmel (1999) hingegen stellt fest: «Trotz intensiver Förderung erlernen die meisten der prälingual [vor Beginn des Spracherwerbs; J. D.] Hörbehinderten eine Lautsprache nur rudimentär. Lediglich ein geringer Prozentsatz erreicht einen Grad laut- bzw. schriftsprachlicher Kompetenz, der sozial und emotional befriedigende Kontakte ermöglicht.» Die Liste der Abweichungen von der normalen Artikulation ist auch bei resthörigen Kindern über acht Jahren noch lang, allerdings mit großen individuellen Unterschieden. Man beobachtet u. a. Vokalreduktionen, Fehler der Stimmgebung (stimmlos – stimmhaft), Nasalierung, Ersetzung von Frikativen, Reduktion auslautender Konsonanten, Verlangsamung des Sprechtempos, Betonungs- und Pausenfehler und Segmentdehnungen. Der Frequenzumfang ist geringer, die Grundfrequenz erhöht, die Stimme ist zu stark angespannt und/oder behaucht, und es kommt zu unnatürlichen Variationen der Lautstärke. Die Verständlichkeit leidet außerdem darunter, dass manche Kinder ihre Atmung nicht unter Kontrolle haben. Mehrfach wurde gefunden, dass die Abweichungen auf der phonologischen Ebene die Verständlichkeit der Äußerungen stärker beeinträchtigen als die Abweichungen in der Prosodie. So kommt es, dass die Lautsprache resthöriger Kinder auch nach Abschluss der Schule schwer bis nahezu unverständlich ist und sie auch nur ein Drittel der Lautsprache von den Lippen ablesen können (Grimm 1999).

Einigkeit besteht darin, dass bei schwer hörgeschädigten und resthörigen Kindern gegenüber normal hörenden der Erwerb der Lautsprache **verzögert** ist (Mogford-Bevan 1993; Kiese-Himmel 1999), doch fand man schon im frühen Stadium auch **qualitative** Abweichungen. Bereits in der Schreiphase unterscheiden sich resthörige von hörenden Kindern: Einige Arten des Schreiens treten später auf, der Zornesschrei und eine bestimme Form des Schmerzschreis scheinen ganz zu fehlen. Auch zeigen hörende Säuglinge eine größere Variation der Schreiformen, so beim Hunger- und Sättigungsschrei (Löhle 1991). Man sieht hieran, dass das Schreiverhalten als solches zwar angeboren, die Ausprägung aber teilweise von der akustischen Rückkopplung abhängig ist.

In der frühen vorsprachlichen Phase einschließlich des Gurrens scheinen sich resthörige Säuglinge ansonsten von ihren normal hörenden Altersgenossen nicht auffallend zu unterscheiden. Auch für das frühe Babbelstadium, etwa bis zum Alter von 0;5, wird meist von einer weitgehenden Übereinstimmung mit der Entwicklung normal hörender Kinder berichtet. Allerdings gibt es Hinweise darauf, dass schon ab 0;4 die Vielfalt der geäußerten Laute bei den Hörgeschädigten geringer und der Anteil vorderer Laute größer ist. Letzteres könnte damit zusammenhängen, dass die Bildung dieser Laute teilweise an den Lippen ablesbar ist. Eine eindeutige Abweichung vom normalen Erwerbsverlauf zeigt sich beim ‹kanonischen Babbeln› (bei hörenden Kindern etwa ab 0;7): Hörgeschädigte Kinder treten nicht nur später, zwischen 0;11 und 2;1, in die Phase der Silbenwiederholungen ein, sondern sie scheinen auch weniger intensiv kanonisch zu babbeln. In dem Alter, in dem normal hörende Kinder kanonisch babbeln, also ihre Artikulationen variieren, werden bei hörgeschädigten Kindern primär Variationen der Phonation, d.h. von Stimmhöhe, Lautstärke, Pausen, Stimmgebung (stimmlos – stimmhaft) usw., beobachtet.

In der weiteren Entwicklung entfällt aufgrund des fehlenden Inputs die beim normal hörenden Kind rasch fortschreitende Anpassung des Lautinventars an die Muttersprache. Zwar können auch resthörige Kleinkinder aufgrund der genauen Beobachtung der Artikulation um das erste Lebensjahr herum *Mama* und *Papa* äußern. Wird die Hörstörung nicht erkannt, geben die Kinder diese Äußerungen aber bald auf, weil ihnen die Wahrnehmung der eigenen Lautäußerungen fehlt, aber auch, weil die Eltern ihnen weniger sprachliche Zuwendung entgegenbringen. Löhle (1991) konstatiert deshalb, «dass bereits am Ende des ersten Lebensjahres beim hochgradig schwerhörigen Säugling eine Störung der Atmung, Phonation und Vokalbildung auftritt, deren Ursache primär in der fehlenden akustischen Rückkopplung, aber auch in der sekundären Störung der elterlichen Kommunikation zu suchen ist».

Das Auftreten der ersten Wörter, bei normal hörenden Kindern vor dem Ende des ersten Lebensjahres, wird für leichtgradig hörgestörte Kinder etwa zur selben Zeit beobachtet, doch verweilen diese länger in der Einwortphase, nämlich im Schnitt achteinhalb Monate. Bei mittelgradig beeinträchtigten Kindern tritt das erste Wort durchschnittlich mit 17,6 Monaten auf, bei schwer beeinträchtigten und resthörigen mit 2;6. Hörgeschädigte Jungen sind im Allgemeinen in ihrer Sprachentwicklung stärker verzögert als Mädchen, nämlich um ca. zwei Monate. Darin spiegelt sich die allgemein schnellere Sprachentwicklung von Mädchen.

Der Erwerb der Grammatik leidet bei präverbal Hörgeschädigten am stärksten unter dem reduzierten Input (Mogford-Bevan 1993). Man geht davon aus, dass schon bei einem Hörverlust von 20 dB die – unbetonten – Funktionswörter und Flexionsendungen nicht mehr verstanden werden. Dies führt zu einer begrenzten Anwendung von Pronomina, Artikeln und Präpositionen mit entsprechenden Folgen für Komplexität und Korrektheit der Sätze. So wird in der Forschung von Vereinfachungen syntaktischer Strukturen berichtet, mit einer Bevorzugung einfacher Aussagesätze. Peltzer-Karpf (1994) berichtet, dass von ihr untersuchte Hörgeschädigte noch mit fünf Jahren nur einfache Aussagesätze äußerten, wobei die Konzentration auf Inhaltswörter bei den 5–7-Jährigen zu Sätzen wie *Walter Bettina waschen, Fische Krokodil gefressen* führte. Die Verständnisleistungen waren durchweg besser als die Produktionsleistungen. Dabei zeigte sich ein Unterschied zwischen ‹reversiblen› und ‹irreversiblen› Passivsätzen (*Der Hund wird von der Katze gebissen*; auch möglich: *Die Katze wird von dem Hund gebissen*, im Gegensatz zu *Der Fisch wird von dem Krokodil gefressen*). Erstere werden von den hörgeschädigten Kindern noch mit 10–11 Jahren sehr häufig falsch, nämlich gemäß der Reihenfolge der Wörter im Satz interpretiert (*Der Hund beißt die Katze*), während die irreversiblen Sätze im Allgemeinen richtig verstanden werden. Normal hörende Kinder dagegen beherrschen reversible Passivsätze ab ca. 6;0 aktiv und passiv (vgl. oben, Kap. 6). Die stärkste Verzögerung gegenüber normalhörenden Kindern zeigte sich bei Fragesätzen. Von den hörgeschädigten Kindern äußerten nur einige und nur in der Altersgruppe von zehn bis elf Jahren selbstständig situationsbezogene Fragen (*Darf ich etwas trinken?*).

Die Schriftsprache erlernen resthörige Kinder, wie hörende Kinder auch, gewöhnlich auf der Grundlage der Lautsprache. Eine zumindest ergänzende Vermittlung über das ‹Fingeralphabet› ist möglich (vgl. unten, Kap. 7.3.4). Die Probleme beim Verstehen gesprochener Sprache beeinträchtigen den Aufbau sprachlicher Strukturen, so dass auch das Lesen, obwohl ja der beeinträchtigte auditive Kanal umgangen wird, darunter leidet. Die Leseleistung von Schulabgängern wird als «enttäuschend» bezeichnet: So sollen weniger als 12% der gehörlosen Jugendlichen auf amerikanischen High Schools, also im Alter von ca. 15–18 Jahren, die Leseleistung von Neunjährigen erreicht oder übertroffen haben. Beim Schreiben treten ähnliche Probleme auf wie in der gesprochenen Sprache: Auch hier zeigten sich bei 16–18-Jährigen Schwierigkeiten mit der Flexion und mit Funktionswörtern sowie die Bevorzugung einfacher Aussagesätze (Mogford-Bevan 1993).

7.3.3 Das Cochlea-Implantat. Das ‹Cochlea-Implantat› (CI; engl. ‹Cochlear Implant›) ist eine elektronische Hörprothese, die die gestörte Funktion des Innenohrs übernimmt. Physiologische Voraussetzungen sind, dass die «Schnecke» (Cochlea) normal ausgebildet ist und der Hörnerv funktioniert. Das CI besteht erstens aus dem eigentlichen Implantat, einem kleinen Gehäuse, das in den Schädelknochen eingesetzt wird und an dem ein Elektrodenträger in Form eines Drahtes sitzt. Dieser Elektrodenträger wird in die Cochlea eingeführt. Zweiter Bestandteil ist ein hinter der Ohrmuschel getragenes Mikrofon, das die Schallwellen aufnimmt und an einen Sprachprozessor – dritter Bestandteil – überträgt. Dieser wird wie ein Walkman am Gürtel getragen, bei neueren Modellen aufgrund der fortschreitenden Miniaturisierung auch hinter dem Ohr. Die elektronischen Impulse des Sprachprozessors werden über eine Antenne – vierter Bestandteil –, die unter den Haaren versteckt getragen wird, durch den Schädelknochen hindurch an den Empfänger im Implantat übertragen. Die Signale werden über die Elektroden in die Cochlea weitergeleitet und stimulieren dort die Hörnerven, d. h., sie übernehmen die Funktion der geschädigten Haarzellen (Laszig 1997). Für eine Versorgung mit dem CI kommen Kinder mit beidseitiger, durch den Ausfall der Cochlea bedingter Taubheit in Frage, d. h. Kinder, die auch bei Verwendung eines Hörgerätes Sprache nicht mehr auditiv verarbeiten können; unter bestimmten Bedingungen wird das CI auch bei resthörigen Patienten eingesetzt. Während früher im implantierten Ohr jegliches Resthören mit großer Wahrscheinlichkeit zerstört wurde, kann heute dank einer schonenden Operationstechnik auch bei dieser Patientengruppe ein CI eingesetzt werden. Kinder können bereits unter zwei Jahren versorgt werden. Nach abgeschlossener Wundheilung muss der Sprachprozessor angepasst werden, d. h., die Stimulation muss optimal eingestellt, der untere Schwellenwert für Höreindrücke und die Maximallautstärke bestimmt werden. Das ist bei Erwachsenen, die bald nach der Ertaubung operiert wurden, unproblematisch, sie können häufig schon am ersten Tag der Anpassung Sprache wieder verstehen. Über 80% der spätertaubten Erwachsenen können sogar wieder telefonieren. Bei Kindern muss die Anpassung spielerisch geschehen, wozu es eines erfahrenen Teams bedarf. Je früher die Implantation geschieht, desto besser entwickelt sich das Sprachvermögen: Kinder, die mit 2;0 operiert werden, haben einen signifikant besseren Erwerbsverlauf als Kinder, die mit 3;0 operiert werden. Kinder, die zwischen dem 5. und 8. Lebensjahr implantiert wurden und die vorher mittels Gebärden kommuniziert hatten, erwarben in den ersten 18 Monaten nach der Operation nur in geringem Maße Lautsprachfähigkeiten. Einige der früh implantierten Kinder können mit entsprechender Unterstützung Regelschulen besuchen, später implantierte Kinder sind auf Spezialschulen für Schwerhörige angewiesen. Die obere Altersgrenze für prälingual Ertaubte wird kontrovers diskutiert, realistisch erscheint sechs bis acht Jahre (Laszig 1997).

Inzwischen liegen erste Studien über den Verlauf des Lautspracherwerbs bei Kindern mit CI vor. Svirsky (2000) kommt aufgrund der Daten von 23 Kindern mit CI zu einer sehr positiven Einschätzung des Lautspracherwerbs: Die durchschnittliche Entwicklung sei der normalhörender Kinder vergleichbar, allerdings mit großen individuellen Unterschieden. In einer deutschen Studie von Szagun (2002) wurde der Spracherwerb von 22 Kindern mit CI, Implantationsalter zwischen 1;2 und 3;10, mit dem von 22 normal hörenden Kindern über einen Zeitraum von 27 Monaten verglichen. Der Sprachstand war anfangs bei beiden Gruppen gleich. Zehn der implantierten Kinder machten die gleichen Fortschritte in der Grammatikentwicklung wie die normal hörenden, zwölf jedoch waren erheblich langsamer. Die Flexionsmorphologie wurde bei den implantierten Kindern erheblich langsamer erworben, auch im Wortschatzerwerb waren sie langsamer, allerdings nur bei Nomina und Verben, nicht bei Adjektiven. Szagun fand aber auch einen sich immer weiter verstärkenden Unterschied zwischen implantierten Kindern mit schnellem und solchen mit langsamem Spracherwerb. Sie gibt deshalb zu bedenken, ob bei den ‹langsamen Kindern› nicht mit unterstützenden Gebärden bzw. mit «zweisprachiger» (laut- und gebärdensprachlicher) Förderung (vgl. dazu unten, Kap. 7.3.4) einer möglichen Beeinträchtigung der begrifflichen Entwicklung entgegengewirkt werden sollte.

Eine Fülle von Informationen zum CI findet man auf der Website der «Deutschen Cochlear Implant Gesellschaft e.V.»:
 http://www.dcig.de/

7.3.4 Gebärdenspracherwerb. Der sehr emotional geführte Streit um die angemessene Form der Spracherwerbsförderung für hörgeschädigte Kinder – Lautspracherwerb oder Gebärdenspracherwerb – ist so alt wie die Förderungsbemühungen selbst. Bei der ‹manuellen Methode› erlernen die Kinder eine Gebärdensprache, die um das ‹Fingeralphabet› ergänzt wird: Mittels des Fingeralphabets, das Kinder schon ab dem dritten Lebensjahr erlernen können, werden in der Regel die Buchstaben des Schriftalphabets wiedergegeben, und zwar entspricht eine Handform einem Buchstaben. Es dient zur Darstellung von Wörtern, für die es keine Gebärden in der Gebärdensprache gibt, z.B. Eigennamen, Titel oder fachsprachliche Termini. Es kommen aber auch Doppelformen (Gebärdenwort und Wort im ‹Fingeralphabet›) vor. Schließlich gibt es die ‹kombinierte Methode› (‹Zweisprachigkeit›), bei der man Laut- und Gebärdenspracherwerb zu verbinden sucht. International ist die kombinierte Methode auf dem Vormarsch (Mogford-Bevan 1993, für den angelsächsischen Raum). In Deutschland wurde institutionell ausschließlich die oral-aurale Methode angewandt, wenn auch manche Lehrer bei lautsprachlich besonders schwachen Kindern Gebärden zuließen. Befürworter der «reinen» oral-auralen Methode lehnen die ‹kombinierte Methode› mit dem Argument ab, die auch bei hochgradig geschädigten Kindern noch vorhandene Lautwahrnehmung gehe verloren, wenn die Lautsprache von Gebärden begleitet werde, da das Sprechen dann seinen Rhythmus verliere (Löwe 1996). Anfang der 1980er Jahre begann ein Umdenken. Die Befürworter der manuellen bzw. der kombinierten Methode, als profiliertester Vertreter sei der Hamburger Linguist Prillwitz (1982) genannt, heben darauf ab, dass hörgeschädigte Kinder sich erstens mit dem Lautspracherwerb schwertun (vgl. oben, Kap. 7.3.2). Zweitens gibt es Befunde, wonach gehörlose Kinder gehörloser Eltern, Kinder also, die primär gebärdensprachlich aufwachsen, nicht nur in ihrer kognitiven, sozialen und emotionalen Entwicklung, sondern erstaunlicherweise auch in ihrer lautsprachlichen Entwicklung den gehörlosen Kindern hörender Eltern überlegen sind: Diese Kinder zeigten bessere Lese- und Schreibleistungen in der Lautsprache, und sie verfügten über einen größeren lautsprachlichen Wortschatz. Eine wesentliche Ursache sieht Prillwitz (1989) darin, dass gehörlose Kinder, die (auch) mit einer Gebärdensprache aufwachsen, wie hörende Kinder einen ganz normalen Spracherwerb durchlaufen – nur eben in der Gebärdensprache. Auf dieser Grundlage, so Prillwitz, ist ihnen der Lautspracherwerb leichter möglich als einem hörgeschädigten Kind, das ohne Gebärdensprache aufwächst.

Zurecht ist darauf hingewiesen worden, dass der Erwerb der Gebärdensprache allein als Erstsprache problematisch ist: Zum einen besteht die Gefahr der «Abkopplung» von der Kommunikation mit Hörenden (das betrifft auch hörende Eltern, die die Gebärdensprache nur unvollkommen beherrschen), zum anderen könnte die ‹kritische Periode› für den Lautspracherwerb (vgl. oben, Kap. 5.3) verpasst werden, so dass das Kind noch weniger Chancen hat, die Lautsprache einigermaßen zu erwerben (Diller 1992). Außerdem haben Gebärdensprachen, anders als Lautsprachen, keine auf ihnen aufbauenden Schriftsysteme; genauer gesagt: Es gibt zwar Systeme der Verschriftlichung von Gebärdensprachen, doch dienen diese nur wissenschaftlichen

Zwecken. Die Schriftsprache muss deshalb entweder über die Lautsprache oder über das Fingeralphabet erlernt werden.

Die Forschung, insbesondere über die amerikanische Gebärdensprache («American Sign Language, ASL»), hat Belege dafür erbracht, dass Gebärdensprachen denselben universellen sprachlichen Prinzipien unterliegen, wie sie für Lautsprachen bekannt sind (Leuninger 2000). Wenn Gebärden produziert oder interpretiert werden, sind sogar dieselben Regionen im Gehirn aktiv, die auch bei der Lautsprache für Phonologie, Grammatik und Wortbedeutungen zuständig sind. Aus der Realisierung von Gebärdensprache in Zeit und Raum ergeben sich andere Ausdrucksmöglichkeiten als in der zeitlich-linearen Lautsprache, insbesondere durch die Möglichkeit simultaner Gebärdenproduktion, aber auch durch Variationen im Gebärdengebrauch, mit denen Abstufungen von Bedeutungen realisiert werden können. Z. B. kann die Bedeutung der Gebärde für ‹beißen› in der «Deutschen Gebärdensprache» (DGS) durch die Intensität der Bewegung nach Heftigkeit abgestuft werden. Entgegen einem hartnäckigen Vorurteil sind Gebärdensprachen aber keineswegs bildhaft und pantomimisch, obwohl sie auch solche Elemente enthalten (neben Händen und Armen werden auch Mimik und Körperhaltung eingesetzt). Dies belegen schon die Unterschiede zwischen den Gebärdensprachen (vgl. Abbildung).

 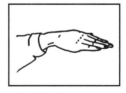

«Fahrzeug» – links: American Sign Language,
rechts: Deutsche Gebärdensprache

Die Strukturebenen der Gebärdensprachen lassen sich, wie umfangreiche Forschungen zur ASL belegen, mit denen der Lautsprachen vergleichen. So haben auch Gebärdensprachen eine ‹Phonologie›, definiert durch die Merkmalsdimensionen Handform, Handstellung, Ausführungsstelle und Bewegung. Wie in der Lautsprache auch, gibt es sodann eine ‹Morphologie›, das sind Regeln zur Ableitung komplexer Gebärdenwörter sowie Flexionssysteme. Bestimmte ‹Verben› der DGS müssen, wie in der Lautsprache, mit dem Subjekt des Satzes übereinstimmen («Kongruenz» – z. B. Der Junge$_{Singular}$ läuft$_{Singular}$ vs. Die Jungen$_{Plural}$ laufen$_{Plural}$). Wie ASL verfügt auch die DGS über eine differenzierte Syntax, nämlich eine Vielzahl von Satztypen und Wortstellungsvarianten, wobei in der DGS das ‹Verb› immer am Ende, in ASL in Zweitposition steht. Dem lautsprachlichen Satz *Ich hänge meine Jacke an die Wand* entspricht in DGS etwa folgende Wortstellung: WAND JACKE ICH HÄNG_AN (Leuninger 2000).

Gehörlose Kinder entwickeln die Gebärdensprache, wenn sie ihnen in der kritischen Periode des Spracherwerbs angeboten wird, auf eine dem Lautspracherwerb parallele Weise. Das komplexe morphologische System des ASL erwerben, so wurde gezeigt, Kinder aber nur, wenn sie früh der Gebärdensprache ausgesetzt sind; Kinder, die erst mit vier bis sechs Jahren oder gar noch später ASL lernten, zeigten erhebliche Lücken in ihrer Sprachkenntnis. Gebärdende Kinder machen eine Art ‹Babbelstadium› durch, in dem sie Gesten mit bestimmtem Rhythmus und bestimmter Dauer produzieren, die aber keine Wörter der «Zielsprache» (ASL, DGS o. Ä.) sind. Die rhythmische Struktur ist der des vorsprachlichen Babbelns analog. Mit etwa 1;0 bringen sie die ersten «Wörter» (bedeutungshaltige Gebärden) hervor, und im zweiten Lebensjahr steigt die mittlere Äußerungslänge der Gebärdenwortkombinationen ständig an. Gebärdende Kinder fangen im selben Zeitraum an, Grammatik zu erwerben, wie hörende. Auch die Wortschatzentwicklung ist mit der hörender Kinder vergleichbar: Mit 1;4 – 1;6 produzieren gebärdende Kinder durchschnittlich 30 Wörter, wobei, wie erwartet, gehörlose Kinder gehörloser Eltern besser abschneiden als gehörlose Kinder hörender Eltern. Kinder, die eine Gebärdensprache beherrschen, verfügen also über ein voll ausgebautes Sprachsystem, nur in einer anderen Modalität. Offensichtlich ist der menschliche Säugling in gleicher Weise prädestiniert, eine Laut- oder eine Gebärdensprache zu lernen.

Informationen zur Gebärdensprache findet man über die Homepage des Instituts für Deutsche Gebärdensprache und Kommunikation Gehörloser an der Universität Hamburg; <http://www.sign-lang.uni-hamburg.de>.

8. Die ‹spezifische Sprachentwicklungsstörung› (SES)

Von den ansonsten normal entwickelten Kindern haben etwa 6–8% massive Schwierigkeiten mit dem Erwerb ihrer Muttersprache. Diese «spezifische Sprachentwicklungsstörung» oder «Entwicklungsdysphasie» wird von Grimm (1999) folgendermaßen beschrieben: Die Kinder weisen keine sensorischen Schädigungen (z. B. Gehörlosigkeit), keine schwerwiegenden neurologischen Schädigungen, keine emotionalen Schädigungen und keine geistige Behinderung auf. Ihr Spracherwerb ist verspätet und verlangsamt, es kann zu Plateaubildung kommen (d. h. einem Ende der Sprachentwicklung auf niedrigem Niveau), das Sprachverständnis ist besser als der aktive Sprachgebrauch, die Grammatik ist deutlich stärker beeinträchtigt als die Semantik, und das sprachliche Handeln und die nonverbale Intelligenz liegen im Normbereich.

Gewöhnlich sind SES-Kinder zunächst «späte Wortlerner» – sie haben mit zwei Jahren den Schwellenwert von 50 Wörtern noch nicht erreicht und holen den Rückstand im folgenden Jahr auch nicht auf. Das Hauptmerkmal aber ist die Beeinträchtigung der Grammatikentwicklung. Die betroffenen Kinder erwerben die Grammatik nicht nur langsamer, sondern auch qualitativ abweichend, d. h., sie produzieren Strukturen, die im normalen Verlauf nicht vorkommen (*da umzieht der Mann* u. ä.). Flektiertes Verb und/oder Subjekt stehen häufig fälschlich am Satzende. Außerdem bilden SES-Kinder nur kurze, einfache Sätze. Die Probleme mit der Morphologie äußern sich u. a. in falscher Kongruenz zwischen Subjekt und Verb (*die Kinder rennte*), falschem Artikelgebrauch (*ein Frau*) und Flexionsfehlern (*gegangt, zwei*

Ball). Auch beim Satznachsprechen treten diese Fehler auf. Ein knapp sechsjähriges Mädchen gab den Satz *Es ist heute morgen kein schönes Wetter* als *Heute morgen kein schön Wetter is* wieder. Sprachliche Defizite sind im Schul- und auch noch im Erwachsenenalter nachweisbar.

Wie kann ein solch gravierendes Defizit erklärt werden? Als gesichert gelten heute folgende Faktoren: Das Kommunikationsverhalten der Mütter von SES-Kindern spielt zwar keine kausale Rolle für die Entstehung, kann aber dazu beitragen, das Defizit zu stabilisieren. Grimm (1994) konnte zeigen, dass sich die Mütter von sprachentwicklungsgestörten Kindern dem formalsprachlichen Niveau der Kinder anpassen, also auf grammatischer Ebene mit ihnen sprechen wie mit erheblich jüngeren unbeeinträchtigten Kindern. Aber sie vermitteln weniger sprachliche Anregungen als Mütter von unbeeinträchtigten jüngeren Kindern, z. B. geben sie häufiger einfache Ja-/Nein-Antworten und bilden andere inhaltsleere Antworten. Weil die SES-Kinder älter und kognitiv weiter fortgeschritten sind, werden sie auf diese Weise unterfordert. Die Aufklärung der Mütter über diesen Mechanismus könnte also für die Therapie relevant sein. Grimm (1999) konnte außerdem nachweisen, dass SES-Kinder mit dem Sprachangebot ihrer Umgebung anders umgehen als unauffällige Kinder: Die SES-Kinder nehmen signifikant weniger oft Bezug auf eine vorangegangene mütterliche Äußerung, es findet weniger aktives Lernen statt als bei unauffälligen Kindern. Während unauffällige Kinder größere Sequenzen mütterlicher Äußerungen wiedergeben können (Mutter: *Ich blättre's dir mal durch*; Kind: *Ich blättre durch*), begnügen sich SES-Kinder meist mit einer bruchstückhaften Wiedergabe (Mutter: *Da guck die große Nase*; Kind: *Die Nase*). Das könnte damit zu tun haben, dass bei SES-Kindern verminderte Leistungen des phonologischen Arbeitsgedächtnisses gefunden wurden. Sie bauen dadurch einen weniger großen Grundstock von Strukturen auf, die sie zur Analyse der längeren sprachlichen Einheiten in ihre Bestandteile verwenden können. – Schließlich hat man eine Verlangsamung der Informationsverarbeitung gefunden: SES-Kindern fällt es schwer, mit schnell zu verarbeitenden Informationen umzugehen. Entsprechende amerikanische Forschungen ergaben, dass diese Kinder Probleme haben, kurz dauernde Laute zu verarbeiten (ein Plosiv wie /d/ ist nur ca. 40 Millisekunden lang hörbar). In einer auch in der deutschen Presse viel beachteten Trainingsstudie zeigten Tallal et al. (1996), dass man die Wahrnehmungsfähigkeit der Kinder durch eine Intensivtherapie verbessern kann, indem man ihnen in Form eines Computerspiels sprachliche Äußerungen mit künstlich gedehnten Konsonanten anbietet.

In der neueren Forschung wurden auch biologische Verursachungsfaktoren gefunden. Erstens geht man von neurologischen Anomalien aus, die auf eine abweichende Gehirnentwicklung des Fötus im letzten Schwangerschaftsdrittel zurückgeführt werden (Gopnik 1997). Zweitens gilt ein genetischer Anteil an der Entstehung heute als sicher: Neuere Zwillingsstudien kommen zu dem Ergebnis, bei eineiigen Zwillingen seien viel häufiger beide von SES betroffen (ca. 85%) als bei zweieiigen (ca. 45%). Überzeugende Evidenz für eine genetische Komponente lieferte auch die viel beachtete Stammbaumstudie an der englischen Familie «KE», in der über drei Generationen SES-Symptome beobachtet werden konnten, die allerdings häufig mit anderen Beeinträchtigungen einhergingen (Gopnik/Crago 1991). Weiterhin wurde gefunden, dass Jungen deutlich häufiger betroffen sind als Mädchen (Tomblin 1996). Besonderes Interesse fanden Patienten, die, anders als die KE-Familie, ausschließlich unter einem grammatischen Defizit zu leiden scheinen. Aus der Existenz solcher Fälle leitet Bloom (1999) ein Argument für die Autonomie, die ‹Modularität› der Grammatik ab (vgl. oben, Kap. 5.3).

Bei der KE-Familie wurde ein Abschnitt auf Chromosom 7 (7q31) als möglicher Störungsort identifiziert und «SPCH1» genannt (Fisher et al. 1998). Aufgrund der Stammbaumanalyse postulierten sie einen autosomal-dominanten Erbgang. Weil in der Bezeichnung des Chromosomenabschnitts SPCH für «Speech» steht, wurde in der Presse vorschnell vom «Sprachgen» geredet. Die ForscherInnen betonen aber, sie hätten nie behauptet, dass es **ein** Gen für Grammatik gebe. Angenommen wird lediglich eine genetische Komponente der beschriebenen Entwicklungsstörung. Durch den Vergleich mit einer Person, CS, die die gleichen grammatischen Defizite aufweist wie die KE-Familie, ohne mit dieser verwandt zu sein, grenzte die Gruppe um Fisher kürzlich den Defekt auf ein spezifisches Gen, genannt «FOXP2», ein. Man vermutet, dass dieses Gen eine Schlüsselrolle bei der embryonalen Entwicklung der für die Sprachverarbeitung zuständigen Hirnstrukturen spielt.

Wie die KE-Familie deutlich macht, «wächst» sich eine SES nicht vollständig «aus». 40–100% der betroffenen Vorschulkinder – je nach Stichprobe und Methodik – zeigen auch später noch Sprachdefizite. In der Schule haben sie u. a. Lese- und Rechtschreibprobleme, doch beeinträchtigt ihr Sprachproblem auch die Leistungen in anderen Fächern. In der Folge treten psycho-soziale Probleme auf, man spricht von einer «negativen sozialen Spirale». Es gibt inzwischen aber vielfältige Ansätze zur Therapie von SES, die in Grimm (1999) dargestellt werden.

Literaturverzeichnis

Abbot-Smith, Kirsten, Behrens, Heike (2006): How known constructions influence the acquisition of other constructions: the German passive and future constructions. In: Cognitive Science, 30 (6), 995–1026.

Abdelilah-Bauer, Barbara (2008): Zweisprachig aufwachsen. Herausforderung und Chance für Kinder, Eltern und Erzieher. München: Beck.

Allen, Joseph, Seidenberg, Mark S. (1999). The Emergence of Grammaticality in Connectionist Networks. In: Brian MacWhinney, (ed.). The Emergence of Language. Mahwah, NJ: Lawrence Erlbaum, 257–276.

Andresen, Helga (2005): Vom Sprechen zum Schreiben. Sprachentwicklung zwischen dem vierten und siebten Lebensjahr. Stuttgart: Klett-Cotta.

Anstatt, Tanja (Hg.)(2007): Mehrsprachigkeit bei Kindern und Erwachsenen. Erwerb, Formen, Förderung. Tübingen: Attempto.

Bates, Elizabeth, Marchman, Virginia, Thal, Donna et al. (1994): Developmental and stylistic variation in the composition of early vocabulary. In: Journal of Child Language, 21, 85–123.

Bickerton, Derek (1995): Language and Human Behavior. Seattle: University of Washington Press.

Bloom, Paul (1997): Intentionality and word learning. In: Trends in Cognitive Sciences, 1, 9–12.

Bloom, Paul (1999): Language capacities: Is grammar special? In: Current Biology, 9, R127–R128.

Bloom, Paul, Kelemen, Deborah (1995): Syntactic cues in the acquisition of collective nouns. In: Cognition, 56, 1–30.

Böhme-Dürr, Katrin (1990): Die Rolle der Massenmedien im Spracherwerb. In: Spracherwerb und Mediengebrauch. Hg. K. Neumann, M. Charlton. Tübingen: Narr, 149–168.

Bongaerts, Theo (1999): Ultimate attainment in L2 pronunciation. In: Second Language Acquisition and the Critical Period Hypothesis. Hg. D. Birdsong. Mahwah, N. J.: Lawrence Erlbaum, 133–159.

Buchholz, Ursula (1999): Der Erwerb sprachlich-kommunikativer Fähigkeiten. Dialoganalytische Untersuchungen an einem Kleinkind. Wiesbaden: Deutscher Universitätsverlag.

Butzkamm, Wolfgang, Butzkamm, Jürgen (2008): Wie Kinder sprechen lernen. Kindliche Entwicklung und die Sprachlichkeit des Menschen. 3. überarb. Aufl. Tübingen; Basel: Francke.

Chomsky, Noam (1976): Reflections on Language. New York: Random House.

Chomsky, Noam (1980): Rules and representations. In: The Behavioral and Brain Sciences 3, 1–61.

Chomsky, Noam (1981): Lectures on Government and Binding. The Pisa Lectures. Dordrecht; Riverton: Foris.
Chomsky, Noam (1986): Knowledge of Language. New York (u. a.): Praeger.
Chomsky, Noam (1988): Language and Problems of Knowledge. The Managua Lectures. Cambridge, Mass.; London: MIT-Press.
Clark, Eve V. (1993): The Lexicon in Acquisition. Cambridge: Cambridge University Press.
Curtiss, Susan (1977): Genie – A Psycholinguistic Study of a Modern-Day ‹Wild Child›. New York: Academic Press.
Dale, Philip S., Simonoff, Emily, Bishop, Dorothy V. M et al. (1998): Genetic influence on language delay in two-year-old children. In: Nature Neuroscience, 1, 324–328.
Diller, Gottfried (1992): Lernen bei Gehörlosen. Zur Notwendigkeit der Lautsprachförderung. In: Frankfurter Linguistische Forschungen, 13, 53–60.
Dittmann, Jürgen (2002): Wörter im Geist. Das mentale Lexikon. In: Über Wörter. Hg. J. Dittmann, C. Schmidt. Freiburg i. Br.: Rombach, 283–310.
Elbers, Loekie, Wijnen, Frank (1992): Effort, production skill, and language learning. In: Phonological Development: Models, Research, Implications. Hg. C. A. Ferguson, L. Menn, C. Stoel-Gammon. Timonium, Md.: York Press, 337–368.
Elman, Jeffrey L. (2001): Connectionism and language acquisition. In: Language Development. The Essential Readings. Hg. M. Tomasello, E. Bates. Oxford: Blackwell, 295–306.
Elman, Jeff L., Bates, Elizabeth A. et al. (1997): Rethinking Innateness: A Connectionist Perspective on Development. 2nd Ed. Cambridge, Mass.: MIT-Press.
Elsen, Hilke (1991): Erstspracherwerb. Der Erwerb des deutschen Lautsystems. Wiesbaden: Deutscher Universitäts-Verlag.
Elsen, Hilke (1995): Der Aufbau von Wortfeldern. In: Lexicology, 1, 219–242.
Elsen, Hilke (1996): Two routes to language: stylistic variation in one child. In: First Language, 16, 141–158.
Elsen, Hilke (1999): Auswirkungen des Lautsystems auf den Erwerb des Lexikons – eine funktionalistisch-kognitive Perspektive. In: Das Lexikon im Spracherwerb. Hg. J. Meibauer, M. Rothweiler. Tübingen; Basel: Francke, 88–105.
Everett, Daniel L. (2005): Cultural constraints on grammar and cognition in Pirahã. Another look at the design features of human language. In: Current Anthropology, 46, 621–634.
Fisher, Simon E., Vargha-Khadem, Faraneh, Watkins, Kate E. et al. (1998): Localisation of a gene implicated in a severe speech and language disorder. In: Nature Genetics, 18, 168–170.
Fitch, Tecumseh, Hauser, Marc D., Chomsky, Noam (2005): The evolution of language faculty: clarifications and implications. In: Cognition, 97, 179–210.

Gathercole, Susan E., Baddeley, Alan D. (1990): The role of phonological memory in vocabulary acquisition: A study of young children learning new names. In: British Journal of Psychology, 81, 439–454.

Gathercole, Virginia C. M. (2006): Introduction to Special Issue: Language-specific influences on acquisition and cognition. In: First Language, 26, 5–17.

Gathercole, Virginia C. M., Erika Hoff (2007): Input and acquisition of language: three questions. In: Blackwell Handbook of Language Development. Hg. E. Hoff, M. Shatz. Malden, Mass.; Oxford: Blackwell, 107–127.

Gopnik, Alison, Choi, Soonja (1995): Names, relational words, and cognitive development in English and Korean Speakers: Nouns are not always learned before verbs. In: Beyond the Names for Things: Young Children's Acquisition of Verbs. Hg. W E. Merriman, M. Tomasello. Hillsdale, N. J.: Lawrence Erlbaum, 63–80.

Gopnik, Myrna (1997): Language deficits and genetic factors. In: Trends in Cognitive Sciences, 1, 5–9.

Gopnik, Myrna, Crago, Martha B. (1991): Familial aggregation of a developmental language disorder. In: Cognition, 39, 1–50.

Grimm, Hannelore (1994): Entwicklungskritische Dialogmerkmale in Mutter-Kind-Dyaden mit sprachgestörten und sprachunauffälligen Kindern. In: Zeitschrift für Entwicklungspsychologie und Pädagogische Psychologie, 26, 35–52.

Grimm, Hannelore (1999): Störungen der Sprachentwicklung. Grundlagen – Ursachen – Diagnose – Intervention – Prävention. Göttingen; Bern; Toronto; Seattle: Hogrefe. 2. Aufl. 2003.

Grimm, Hannelore (2000): Entwicklungsdysphasie: Kinder mit spezifischer Sprachstörung. In: Grimm (Hg.) (2000), 603–640.

Grimm, Hannelore (Hg.) (2000): Sprachentwicklung. Enzyklopädie der Psychologie, C, III, 3. Göttingen; Bern; Toronto; Seattle: Hogrefe.

Grimm, Hannelore, Weinert, Sabine (1993): Patterns of interaction and communication in language development disorders. In: Linguistic Disorders and Pathologies. Hg. G. Blanken, J. Dittmann, H. Grimm, J. C. Marshall, C.-W. Wallesch. Berlin; New York: de Gruyter, 697–711.

Grimm, Hannelore, Wilde, Sabine (1998): Sprachentwicklung: Im Zentrum steht das Wort. In: Lehrbuch der Entwicklungspsychologie. Hg. H. Keller. Bern; Göttingen; Toronto; Seattle: Huber, 445–473.

Hasselhorn, Marcus, Werner, Ines (2000): Zur Bedeutung des phonologischen Arbeitsgedächtnisses für die Sprachentwicklung. In: Sprachentwicklung. Hg. Hannelore Grimm. (= Enzyklopädie der Psychologie, C, III, 3). Göttingen usw.: Hogrefe, 363–378.

Hauser, Marc D., Chomsky, Noam, Fitch, Tecumseh (2002): The faculty of language: What is it, who has it, how did it evolve? In: Science, 298, 1569–1579.

Heath, Shirley Brice (1983): Ways with Words. Language, Life, and Work in Communities and Classrooms. Cambridge: Cambridge University Press.

Hirsh-Pasek, Kathy, Golinkoff, Roberta Michnick (1996): The Origins of Grammar. Evidence from Early Language Comprehension. Cambridge, Mass.: MIT-Press.

Hollich, George, Golinkoff, Roberta M., Hirsh-Pasek, Kathy (2007): Young Children associate novel words with complex objects rather than salient parts. In: Developmental Psychology, 43, 1051–1061.

Huttenlocher, Janellen, Vasilyeva, Manina, Cymerman, Elina, Levine, Susan (2002): Language input at home and at school: Relation to child syntax. In: Cognitive Psychology, 45, 337–374.

Jakobson, Roman (1941/1969): Kindersprache, Aphasie und allgemeine Lautgesetze. Frankfurt/M.: Suhrkamp.

Kauschke, Christina (2000): Der Erwerb des frühkindlichen Lexikons. Eine empirische Studie zur Entwicklung des Wortschatzes im Deutschen. Tübingen: Narr.

Kent, Raymond D., Miolo, Giuliana (1995): Phonetic abilities in the first year of life. In: The Handbook of Child Language. Hg. P. Fletcher, B. MacWhinney. Oxford; Cambridge, Mass.: Basil Blackwell, 303–334.

Kielhöfer, Bernd, Jonekeit, Sylvie (2002): Zweisprachige Kindererziehung. 11. Aufl. Tübingen: Stauffenburg.

Kiese-Himmel, Christiane (1999): Hörgestörte Kinder und ihr Spracherwerb. Eine empirische Analyse. Heidelberg: Median.

Kim, Karl H. S., Relkin, Norman R., Lee, Kyoung-Min, Hirsch, Joy (1997): Distinct cortical areas are associated with native and second languages. In: Nature, 388, 171–174.

Laszig, Roland (1997): Gegenwärtiger Stand der Cochlear-Implant-Therapie einschließlich des Konzeptes der »soft surgery«. In: Das Cochlear Implant bei Kindern und Jugendlichen. Hg. A. Leonhardt. München; Basel: Reinhardt, 31–47.

Lenneberg, Eric (1977): Biologische Grundlagen der Sprache. Frankfurt/M.: Suhrkamp.

Leuninger, Helen (2000): Mit den Augen lernen: Gebärdenspracherwerb. In: Grimm (Hg.) (2000), 229–270.

Löhle, Erwin (1991): Phoniatrische und pädaudiologische Ziele in der Erkennung, Diagnostik und Therapie resthöriger Kinder. In: Bericht über das Internationale Symposium Hohenems 1990, Stiftung zur Förderung körperbehinderter Hochbegabter. Vaduz, 75–95.

Löwe, Armin (1996): Hörerziehung für hörgeschädigte Kinder. Geschichte – Methoden – Möglichkeiten. Eine Handreichung für Eltern, Pädagogen und Therapeuten. 2. Auflage. Heidelberg: Schindele.

Marcus, Gary F. (1993): Negative evidence in language acquisition. In: Cognition, 46, 53–85.

Marcus, Gary F., Vijayan, S., Rao, S. B., Vishton, P. M. (1999): Rule learning by seven-month-old infants. In: Science, 283, 77–80.

Markman, Ellen M. (1990): Constraints children place on word meanings. In: Cognitive Science, 14, 57–77.

Meisel, Jürgen M. (2007): Mehrsprachigkeit in der frühen Kindheit: Zur

Rolle des Alters bei Erwerbsbeginn. In: Mehrsprachigkeit bei Kindern und Erwachsenen. Hg. Tanja Anstatt. Tübingen: Attempto, 93–113.

Menyuk, Paula (2000): Wichtige Aspekte der lexikalischen und semantischen Entwicklung. In: Grimm (Hg.) (2000), 171–192.

Mogford-Bevan, Kay (1993): Language acquisition and development with sensory impairment: Hearing-impaired children. In: Linguistic Disorders and Pathologies. Hg. G. Blanken, J. Dittmann, H. Grimm, J. C. Marshall, C.-W. Wallesch. Berlin; New York: de Gruyter, 660–679.

Montada, Leo (2002). Die geistige Entwicklung aus der Sicht Jean Piagets. In: Entwicklungspsychologie. 5. Aufl. Hg. R. Oerter, L. Montada. Weinheim: Beltz, 418–442.

Nelson, Katherine (1973): Structure and Strategy in Learning to Talk. Monographs of the Society for Research in Child Development, Serial No. 149, Vol. 38, Nos. 1–2.

Nöth, Winfried (2000): Handbuch der Semiotik. 2. Aufl. Stuttgart: Metzler.

Olguin, Raquel, Tomasello, Michael (1993): Twenty-five-month-old children do not have a grammatical category of verb. In: Cognitive Development, 8, 245–272.

Parish-Morris, Julia, Hennon, Elizabeth A., Hirsh-Pasek, Kathy, Golinkoff, Roberta M., Tager-Flusberg, Helen (2007): Children with autism illuminate the role of social intention in word learning. In: Child Development, 78, 1265–1287.

Pauen, Sabina (2007): Was Babys denken. Eine Geschichte des ersten Lebensjahres. 2. Aufl. München: Beck.

Peltzer-Karpf, Annemarie (1994): Spracherwerb bei hörenden, sehenden, hörgeschädigten, gehörlosen und blinden Kindern. Tübingen: Narr.

Penner, Zvi (2000): Phonologische Entwicklung. Eine Übersicht. In: Grimm (Hg.) (2000), 105–139.

Perani, Daniela, Paulesu, Eraldo, Galles, Nuria S. et al. (1998): The bilingual brain. Proficiency and age of acquisition of the second language. In: Brain, 121, 1841–1852.

Perfors, Amy (2002): Simulated Evolution of Language: A Review of the Field. In: Journal of Artificial Societies and Social Simulation, 5, 2. <http://jasss.soc.surrey.ac.uk/5/2/4.html> 2006-08-07.

Petit, Christine (1996): Genes responsible for human hereditary deafness: symphony of a thousand. In: Nature Genetics, 14, 385–391.

Piaget, Jean (1996): Nachahmung, Spiel und Traum. Die Entwicklung der Symbolfunktion beim Kinde. 4. Aufl. Stuttgart: Klett-Cotta.

Pinker, Steven (1987): The bootstrapping problem in language acquisition. In: Mechanisms of Language Acquisition. Hg. B. MacWhinney. Hillsdale, N.J.: Lawrence Erlbaum, 399–441.

Pinker, Steven (1998): Der Sprachinstinkt. Wie der Geist die Sprache bildet. Aus dem Amerik. von Martina Wiese. München: Knaur-Taschenbuch.

Plunkett, Kim (1998): Language acquisition and connectionism. In: Language and Cognitive Processes, 13, 97–104.

Prillwitz, Siegmund (1982): Zum Zusammenhang von Kognition, Kommunikation und Sprache mit Bezug auf die Gehörlosenproblematik. Stuttgart; Berlin; Köln; Mainz: Kohlhammer.

Prillwitz, Siegmund (1989): Zum Gebärdenspracherwerb gehörloser Kinder. In: Spracherwerb und Sprachunterricht für Gehörlose. Zielsetzungen und Probleme. Hg. K.-H. Bausch, S. Grosse. Tübingen: Niemeyer, 48–60.

Pullum, Geoffrey K., Scholz, Barbara C. (2002): Empirical assessment of stimulus poverty arguments. In: The Linguistic Review, 19, 1–2, 9–50.

Quine, Willard Van Orman (1960): Word and Object. Cambridge, Mass.: MIT-Press.

Reimann, Bernd (1996): Die frühe Kindersprache. Grundlagen und Erscheinungsformen ihrer Entwicklung in der kommunikativen Interaktion. Neuwied; Berlin: Kriftel/Luchterhand.

Saffran, Jenny R., Aslin, Richard N., Newport, Elissa L. (1996): Statistical learning by 8-month-old infants. In: Science, 274, 1926–1928.

Schaner-Wolles, Chris (2000): Sprachentwicklung bei geistiger Retardierung: Williams-Beuren-Syndrom und Down-Syndrom. In: Grimm (Hg.) (2000), 663–685.

Schieffelin, Bambi B. (1990): The Give and Take of Everyday Life. Language Socialization of Kaluli Children. Cambridge; New York; Melbourne: Cambridge UP.

Schwitalla, Johannes (2006): Gesprochenes Deutsch. Eine Einführung. 3., neu bearb. Aufl. Berlin: Schmidt.

Sendlmeier, Walter F., Sendlmeier, Una M. (1991): Vom Lallen zum Sprechen – Entwicklung der Lautproduktion im Alter von 8–14 Monaten. In: Sprache und Kognition, 10, 162–170.

Singh, J. A. L. (1964): Die «Wolfskinder» von Midnapore. Tagebuch eines Missionars. Vorwort von A. Portmann. Heidelberg: Quelle & Meyer.

Sodian, Beate (2002): Entwicklung begrifflichen Wissens. In: Entwicklungspsychologie. Hg. R. Oerter, L. Montada. 5. Aufl. Weinheim: Beltz, 443–468.

Sodian, Beate (2008): Entwicklung des Denkens. In: Entwicklungspsychologie. Hg. R. Oerter, L. Montada. 6. Aufl. Weinheim: Beltz, 436–479.

Stern, Clara, Stern, Wilhelm (1928): Die Kindersprache. Eine psychologische und sprachtheoretische Untersuchung. Nachdruck, 4. Aufl. 1987. Darmstadt: Wissenschaftliche Buchgesellschaft.

Svirsky, Mario A., Robbins, Amy M., Kirk, Karen Iler, Pisoni, David B., Miyamoto, Richard T. (2000): Language development in profoundly deaf children with cochlear implants. In: Psychological Science, 11, 153–158.

Szagun, Gisela (2002): Wörter lernen in der Muttersprache. Der ontogenetische Vokabularerwerb. In: Über Wörter. Hg. J. Dittmann, C. Schmidt. Freiburg i. Br.: Rombach, 311–333.

Szagun, Gisela (2008): Sprachentwicklung beim Kind. Ein Lehrbuch. 2. Aufl. Weinheim: Beltz.

Szagun, Gisela, Schäuble, Martina (1997): Children's and adult's understanding of the feeling experience of courage. In: Cognition and Emotion, 11, 3, 291–306.

Tallal, Paula, Miller, Steve L., Bedi, Gail et al . (1996): Language comprehen-

sion in language impaired children improved with acoustically modified speech. In: Science, 271, 81–84.
Tomasello, Michael (1995): Language is not an instinct. [Rev. of Steven Pinker: The Language Instinct. How the Mind Creates Language]. In: Cognitive Development, 10, 131–156.
Tomasello, Michael (2000a): Do young children have adult syntactic competence? In: Cognition, 74, 209–253.
Tomasello, Michael (2000b): First steps towards a usage-based theory of language acquisition. In: Cognitive Linguistics, 11, 61–82.
Tomasello, Michael (2003): Constructing a Language. A Usage-Based Theory of Language Acquisition. Harvard: Harvard University Press.
Tomasello, Michael (2004): What kind of evidence could refute the UG hypothesis? Commentary on Wunderlich. In: Studies in Language, 28, 642–645
Tomasello, Michael (2005): Beyond formalities: The case of language acquisition. In: The Linguistic Review, 22, 183–197.
Tomasello, Michael (2006): Acquiring linguistic constructions. In: Handbook of Child Psychology. Hg. D. Kuhn, R. Siegler. New York: Wiley, 256–298.
Tomasello, Michael, Mannle, Sara, Kruger, Ann Cale (1986): Linguistic environment of 1-to 2-year-old twins. In: Developmental Psychology, 22, 169–176.
Tomasello, Michael, Olguin, Raquel (1993): Twenty-three-month-old children have a grammatical category of noun. In: Cognitive Development, 8, 451–464.
Tomblin, J. Bruce (1996): Genetic and environmental contributions to the risk for specific language impairment. In: Toward a Genetics of Language. Hg. M.L. Rice. Mahwah, N.J.: Lawrence Erlbaum, 191–210.
Tracy, Rosemarie (1990): Spracherwerb trotz Input. In: Spracherwerb und Grammatik. Linguistische Untersuchungen zum Erwerb von Syntax und Morphologie. Hg. M. Rothweiler. Opladen: Westdeutscher Verlag (= Ling. Berichte, Sonderheft 3/1990), 22–49.
Tracy, Rosemarie (1996): Vom Ganzen und seinen Teilen: Fallstudien zum doppelten Erstspracherwerb. In: Sprache und Kognition, 15 , 70–92.
Tracy, Rosemarie (2008): Wie Kinder Sprachen lernen. Und wie wir sie dabei unterstützen können. 2., überarb. Aufl. Tübingen: Francke.
Tracy, Rosemarie, Gawlitzek-Maiwald, Ira (2000): Bilingualismus in der frühen Kindheit. In: Grimm (Hg.) (2000), 495–535.
Vihman, Marilyn M., Macken, Marlys A., Miller, Ruth, Simmons, Hazel, Miller, Jim (1985): From babbling to speech: a re-assessment of the continuity issue. In: Language, 61, 397–445.
Wallman, Joel: (1992): Aping Language. Cambridge: Cambridge University Press.
Weinert, Sabine, Grimm, Hannelore (2008): Sprachentwicklung. In: Entwicklungspsychologie. 6. Aufl. Hg. R. Oerter, L. Montada. Weinheim: Beltz, 502–534.

Weissenborn, Jürgen (2000): Der Erwerb von Morphologie und Syntax. In: Grimm (Hg.) (2000), 141–169.

Wunderlich, Dieter (2004a): Why assume UG? In: Studies in Language, 28, 615–641.

Wunderlich, Dieter (2004b): Author's response: Is there any evidence that refutes the UG hypothesis? In: Studies in Language, 28, 646–647.

Zimmer, Dieter E. (1989): Experimente des Lebens. Wilde Kinder, Zwillinge, Kibbuzniks und andere aufschlußreiche Wesen. Zürich: Haffmans Verlag.

Abbildungsnachweis

Die Abbildung von Seite 111 wurde mit freundlicher Genehmigung entnommen aus:

Leuninger, Helen (2000): Mit den Augen lernen: Gebärdenspracherwerb. In: Sprachentwicklung. Hg. Hannelore Grimm. (= Enzyklopädie der Psychologie, C, III.3). Hogrefe Verlag, Göttingen, 229–270, dort S. 237, Abb. 7.

Register

Abbildungsaufgabe (Bedeutungserwerb) 36
Abstraktum 51
Affe, sprachtrainierter 38, 55
Aktivsatz, reversibler 57
Amalgam 35
American Sign Language s. ASL
Ammensprache 18, 26, 29 f., 59, 62
Ansatzrohr 20
Arbeitsgedächtnis, phonologisches 28, 114
Armut des Stimulus 75, 83
Artikulation, doppelte 10, 12
Artikulationstrakt 20
ASL (American Sign Language) 111 f.
Atmung 104
Aufmerksamkeit, triadische 43

Babbel-Äußerung 47
Babbeln 22
Babbeln, buntes 23
Babbeln, kanonisches 21 f., 105
Babbeln, repetitives 21
Babbelphase/-stadium 21, 23 f., 27, 104, 112
Bedeutungswandel 38, 40, 51
Benenneinsicht 40
Benennsituation 32

Cochlea-Implantat 102, 107
Code-Switching 97 f.

Deutsche Gebärdensprache s. DGS
DGS (Deutsche Gebärdensprache) 111 f.
dialektaler Sprachgebrauch 87
Dissoziation 72, 73

Domäne, kognitive 73
Dreiwortäußerung 53 f.

Eigenname 56
Einling 92
Einwortäußerung 52
Einwortphase 57, 105
Entwicklungsdysphasie 113
Erstspracherwerb, doppelter 94 f.
Erwerbsgeschwindigkeit 80
Erwerbsreihenfolge 81
Evidenz, negative 76
Evolution 20
Expansion 61

Fähigkeit, kognitive 73
falscher Glaube, Problem des – 73 f.
Familiensprache 96
fernsehen 43
Fingeralphabet 106, 109
Flexionsendung 106
Flexionsform 10, 54 f., 58, 86
Flexionsmorphem 12
Fragesatz 106
Fragesatzkonstruktion 76
Fremdsprache 17, 19, 94, 99
Fremdsprachenerwerb, gesteuerter 94
Fremdsprachenerwerb, ungesteuerter 94
Fünfzig-Wörter-Schwelle 46
Funktionalist 78
funktionalistische Theorie 59, 64
Funktionswort 50, 54, 56, 87, 106

Ganzheitsannahme (Bedeutungserwerb) 41, 42
Gattungsname 56

Gaumen 22
Gaumensegel 21
Gebärde 109
Gebärdensprache 68, 110
Gebärdensprache, amerikanische s. ASL
Gebärdensprache, deutsche s. DGS
Gebärdenspracherwerb 109
gebrauchsbasierte Theorie (Grammatikentwicklung) 82
Geheimsprache (zwischen Zwillingen) 93
Gehirn 100
gehörlos/Gehörlosigkeit 101
gehörlose Kinder 68
Gen 116
generative Grammatik 13
genetische Ausstattung 59
genetische Disposition 67
genetischer Defekt 101
Grammatik 15
Grammatikerwerb 58
Grammatikerwerb im Deutschen 86
Gurren 104
Gurrlaut 21

Handlung, intentionale 43
Hörgerät 102 f.
Hörschaden 100
Hörstörung, Schwere der 102
Hypotaxe 89

Inhaltswort 55
Input 28, 59
Inselbegabung 74
Instinkt 14
Intake 32
Intention 53
Interaktion, soziale 42
Interaktion, triadische 44
Interferenz 97
Interjektion 49
intransitiver Gebrauch von Verben 57
Invarianzproblem 73

Jambus 48
Jargon (bei Zwillingen) 93 f.
Jargon (des Kleinkindes) 34
joint attentional frame s. Aufmerksamkeit, triadische

Kasusform 86
Kehlkopf 19 ff.
KGS (an das Kind gerichtete Sprache) 29 f., 32, 59, 63
Kind, autistisches 43
Kind, expressives 34, 46, 50
Kind, referenzielles 34, 46, 50
Kind, wildes 69
Klosant 20, 24
Koartikulation 11, 24
Kognition 51
kognitive Domäne s. Domäne, kognitive
kognitive Fähigkeit s. Fähigkeit, kognitive
kognitiv-funktionalistische Theorie 59
Kommunikationssituation, triadische (Zwillinge) 92 f.
Kommunikationssystem, tierisches 10
Komplexität, sprachliche 81 f.
Konnektionismus 84
Konsonant 11, 24
Konsonant, optimaler 25
Konsonantismus, minimaler 26
Konstruktion 82 f.
Korrektur, inkonsistente 63
Kreolsprache 68
kritische Periode 69 f., 110, 112
künstliches neuronales Netz (KNN) 84
Kunstwort 85

Lallstadium 21
Laut, wilder 22, 27
Lautsprache 11
Lautspracherwerbsförderung 103
Lernbarkeitsproblem 75
Lernen, induktives 67, 76

Leseleistung 107
Lexikon 28
Linking-Problem 65, 83
Lippen (ablesen) 104

Methode, kombinierte (Gehörlose) 109
Methode, manuelle (Gehörlose) 109
Mittelohr-/entzündung 101 f.
Modularität 65, 115
Morphem 12
Morphem, grammatisches 66
Muster-Erkennung 84
Mutterisch 60, 76
Muttersprache 17, 19, 23 f., 28

nativistische Position/Theorie (Grammatikentwicklung) 59, 64
Nebensatztyp 90
Neugeborenes 16
neurologische Anomalie 115
Nomen-Vorliebe 50

Oberbegriff 44
Objektpermanenz 37
Objektwort 41 ff.
oral-aurale Methode 103, 109 f.

Parameter (Grammatikerwerb) 66, 77
parataktisch 89
Partikel 49
Partnerprinzip (eine Person, eine Sprache: EPES) 95
Passivsatz 89
Passivsatz, irreversibler 106
Passivsatz, reversibler 89, 106
Phase, sensible 70
Phon 11
Phonem 11, 20, 25, 30, 47
Pidgin 55, 68
Platons Problem 75
pränatal 16
Prinzipien-und-Parameter-Theorie 66, 77

Privatsprache (zwischen Zwillingen) 93 f.
Problem des falschen Glaubens 73 f.
Produktivität 13
Prosodie 11, 24, 32
Protosprache 55, 70
Prototyp (semantischer) 39 f., 44
Protowort 26 f., 38, 47 f.

Rekursivität 13, 78
Relation, semantische 53
Relativsatz 90
resthörig/Resthörigkeit 101, 104
Routine 48

Säugling 15, 16
Saugratenmessung 15
Schallempfindungsstörung 102
Schallleitungsstörung 101
Schrei 20
Schreiphase 104
Schriftsprache 15, 106
Schriftspracherwerb 99
Schriftsystem 110
semantic bootstrapping 66 f., 78
semantische Merkmale s. Theorie der –
semantische Relation s. Relation, semantische
Semilingualität 96
SES s. Spezifische Sprachentwicklungsstörung
Silbe 48
Silbe, kanonische 22
Simulationsexperiment 71
simulieren (Konnektionismus) 84
Spezies, menschliche 68
Spezifische Sprachentwicklungsstörung (SES) 9, 74, 113 f., 116
Spielsprache 96
Spielsymbol 37
Sprache, lehrende 29, 60 f., 78
Sprache, primitive 10
Sprache, schwache 95, 99
Sprache, starke 95

Sprache, stützende 29 f., 33, 59, 62
Sprache, universale 62
Sprachentwicklungsstörung 46
Sprachentwicklungsstörung, spezifische s. Spezifische Sprachentwicklungsstörung
Sprachentwicklungsverzögerung 92
Spracherwerb, pränataler 15
Spracherwerbsverlauf, abweichender 91
Sprachkrise 99
Sprachmischung 97 f.
Sprachnot 97
Sprachverstehen 56
Sprachwahrnehmung, kategoriale 18
Steigbügelhalter-Funktion der Grammatik 45
Steigbügelhalter-Funktion der Semantik 66
Stimulus, Armut des s. Armut des Stimulus
Struktur, prosodische 22
Struktur, syntaktische 106
Symbol, konventionelles 37
Symbolfunktion 37
Syntax 13, 88

Telegraphenstil 55, 58
Theorie der semantischen Merkmale 39
Theorie des Geistes 42, 49, 52
Tierkommunikationssystem 12
transitiver Gebrauch von Verben 57
Trochäus 48

Überdiskriminierung 38, 79 f., 87
UG-Prinzip 66

Umgebungssprache 96
universal/universell 14, 19, 111
Universalgrammatik (UG) 65, 66, 68, 70 ff., 75, 78, 82 f., 85
Unterkiefer 22
usage-based theory (Grammatikentwicklung) 82

Verbflexion 87
Verb-Insel-Konstruktion 83
Verstehen von Wörtern 46
Vokabelspurt 40, 46
Vokal 11, 24
Vokal, optimaler 25
Vokalismus, minimaler 26
Vokant 20, 24
Vollverb, finites 88
Vorgehen, analytisches 34
Vorgehen, ganzheitliches 34
Vorgehen, holistisches 34

W-Fragen 60
wilde Kinder s. Kind, wildes
Williams-Beuren-Syndrom 74
Wolfskind 69
Wort, personal-soziales 34, 48
Wort, relationales 49 f.
Wortartkategorie 66 f.
Wortbildung 12
Wortbildungsmorphem 12
Wortfindungsproblem 97
Wortlerner, später 113
Wortstellung 54

Zugänglichkeit 79, 80
Zweiwortäußerung 53
Zweiwortphase 57
Zwilling 91
Zwillingssprache 93
Zwillingsstudie 115